PROSPÉRER SANS PERDRE SON ÂME

L'alliance du vouloir, de la stratégie et de la foi pour incarner l'abondance

Kevin Adou

Publié par Alignment Press
www.alignmentpress.com

ISBN : 979-8-9949216-1-6

DEDICACE

À tous ceux qui cherchent à bâtir avec intégrité,
à prospérer avec sens,
et à marcher dans l'abondance
sans jamais perdre leur âme.

TABLE DES MATIÈRES

INTRODUCTION

LE RÉVEIL DU BÂTISSEUR

Il existe deux formes de réussite. Celle qui remplit les comptes mais laisse le cœur vide. Et celle qui remplit le cœur… et, par surcroît, finit par remplir les comptes.

Pourquoi certains, malgré le statut, l'argent ou la reconnaissance, vivent-ils dans la tension, la dispersion ou l'insatisfaction permanente ?

Et pourquoi d'autres, confrontés à des exigences tout aussi élevées, avancent-ils avec paix, clarté et fécondité — comme si leur réussite obéissait à un ordre plus juste ?

Qu'est-ce qui fait réellement la différence ? Ce livre est né de cette question.

Il ne propose pas une méthode de plus à empiler sur celles que tu connais déjà. Il t'invite à un changement de posture : passer de la survie à la création, de la dispersion à l'alignement, du contrôle anxieux à une coopération consciente avec des lois plus profondes — spirituelles, humaines et universelles. Ce chemin implique parfois un réalignement intérieur profond, car aucune construction durable ne s'élève sans que la source soit d'abord clarifiée et remise en ordre.

La source avant la stratégie

Tout commence dans un lieu souvent négligé : l'intérieur. Avant la première action, avant le plan, avant la stratégie, il existe une impulsion invisible qui oriente tout le reste : l'intention.

L'intention est le pilote intérieur. Elle influence silencieusement tes décisions, ta manière de percevoir les opportunités, ton rapport au travail et même la qualité de ce que tu attires. Lorsque la source est claire, le courant l'est aussi. Lorsque le cœur est aligné, l'action devient naturellement féconde.

Nous avons perfectionné les outils, mais souvent perdu la source. Or, aucune réussite extérieure ne compense durablement un désordre intérieur. L'abondance qui apaise et qui dure naît toujours de l'intérieur vers l'extérieur.

L'abondance par l'alignement : Le mouvement des quatre piliers

Ce livre ne propose pas une méthode de gestion du temps, mais un changement radical de posture : passer de la survie anxieuse à la création consciente. La prospérité qui apaise et qui dure est toujours générée de l'intérieur vers l'extérieur. Pour y parvenir, j'ai structuré ce parcours autour d'un mouvement cohérent et puissant, une alliance en quatre étapes qui transforme l'idée invisible en une réalité tangible :

1. **L'intention (le vouloir) :** Tout commence par la purification de la source. C'est l'acte de décider avec le cœur, de définir une direction qui n'est pas dictée par la peur ou le manque, mais par un alignement profond avec votre mission. Ici, le « vouloir » devient le pilote de ta destinée.

2. **La stratégie (le planifier) :** Une intention sans chemin reste un rêve. Cette étape consiste à donner un corps à ta vision. En structurant tes objectifs à long et court terme (via le cadre DAP et les objectifs AMT), tu traces la route. Planifier n'est pas ici un acte de contrôle rigide, mais le dessin du canal par lequel l'abondance pourra couler.
3. **La foi (le croire) :** C'est le moteur émotionnel et spirituel. Une fois le plan tracé, la foi est ce qui lui donne vie. C'est la discipline de l'attention qui refuse de nourrir le doute pour se focaliser sur la certitude de la promesse. Croire, c'est habiter votre futur avant même qu'il ne se manifeste.
4. **L'action (l'incarner) :** C'est le sceau final. L'action est le signal envoyé au ciel que tu es prêt à recevoir. En incarnant tes convictions par des actes concrets et réguliers, tu passes de la théorie à la moisson. L'action est la preuve visible que ta foi est vivante.

Mais comment transformer cette intention invisible en une direction claire ? Comment s'assurer que ce que nous voulons bâtir est en harmonie avec notre nature profonde et non le fruit d'une pression extérieure ? L'intention est le carburant, mais la vision est le moteur. Pour que ce moteur tourne sans heurts, il a besoin d'un cadre. C'est ici qu'intervient une boussole que j'appelle la Vision DAP : un filtre, en trois dimensions, qui permet de tester la pureté et la solidité de vos projets avant même d'en poser la première pierre.

Voir avant de bâtir : la vision DAP

Après l'intention vient la vision. Mais pas n'importe laquelle. Une vision enracinée, cohérente et féconde, que ce livre structure autour d'une boussole simple : **DAP — Désir, Amour, Potentiel.**

- **Le D**ésir, ce feu intérieur qui te met en mouvement.
- **L'Amour**, qui purifie l'ambition et l'oriente vers le service et l'impact.
- **Le Potentiel**, ce que tu portes déjà en toi : talents, compétences, expériences, ressources.

Lorsque ces trois dimensions s'accordent, la vision cesse d'être un rêve abstrait. Elle devient un cap clair, une mission incarnée, capable d'attirer les bonnes décisions, les bonnes rencontres et les ressources justes.

L'abondance comme flux, non comme stock

Dans le monde, on accumule pour se rassurer. Dans la sagesse biblique, on comprend que l'abondance circule. L'abondance n'est pas un stock à défendre, mais un flux à laisser passer. Elle s'élargit au rythme de la responsabilité, de la générosité et de la capacité à devenir une source. Plus tu fais circuler, plus le courant s'élargit.

Pourquoi ce livre, et pourquoi maintenant ?

Si ces lignes résonnent en toi, ce n'est pas un hasard. Peut-être ressens-tu l'appel à réussir sans te perdre, à bâtir sans t'endurcir, à prospérer sans sacrifier ta paix.

Ce livre est un ouvrage transformationnel — conçu non seulement pour t'inspirer, mais surtout pour provoquer un changement réel, profond et durable. Il est pensé comme un cheminement qui t'accompagne du point A (confusion, blocages, stagnation intérieure) vers le point B (clarté, alignement et passage à l'action conscient).

Il propose un parcours progressif, structuré, qui te conduit volontairement de l'alignement intérieur à l'incarnation concrète. Tout au long de ce livre, tu trouveras des exercices, des cadres pratiques et des orientations guidées destinés à soutenir ta croissance personnelle, spirituelle et stratégique.

Les citations bibliques sont tirées de la Sainte Bible. Les prières proposées peuvent être récitées telles quelles ou adaptées à ta sensibilité et à ta manière de t'exprimer. L'essentiel n'est pas la forme, mais la résonance : que ces paroles deviennent tiennes, qu'elles soient vécues, intégrées et incarnées.

Cette transformation exige ton engagement. Lire ne suffit pas. C'est ton implication, ta disposition intérieure et ton appropriation consciente qui permettront aux principes de façonner durablement ta pensée, ta posture et tes choix quotidiens.

Ce livre va t'aider à :

- clarifier et purifier ton intention ;
- nourrir une attention qui transforme la foi en conviction ;
- poser des actions concrètes et fécondes ;
- bâtir des projets professionnels et financiers alignés ;
- unir sens, performance et responsabilité.

À la fin de ce parcours, tu ne seras pas seulement plus compétent. Tu seras aligné. Aligné avec ton cœur. Aligné avec ta mission. Aligné avec ta paix.

Tourne la page

Tu entres dans le chemin du bâtisseur conscient — celui qui crée, investit, travaille et décide en accord avec ce qu'il est profondément. Lorsque le cœur, l'esprit et l'action avancent ensemble, les coïncidences deviennent providence, et le terrain se prépare avant même que tu ne le voies.

Tu es prêt.

Prêt à bâtir.

Prêt à recevoir.

Prêt à manifester.

Alors tourne la page.

L'aventure commence maintenant.

Nous allons d'abord explorer la puissance de ton Intention (Chapitre 1), avant de tracer ta Stratégie (Chapitres 2 à 4), de muscler ta Foi (Chapitre 5) et enfin de passer à l'Action (Chapitre 6).

CHAPITRE 1

L'INTENTION : LA SOURCE AVANT LA STRATÉGIE

Introduction : la décision invisible qui précède toute création

Tout commence à l'intérieur. Avant la première action, avant la stratégie, avant même la vision clairement formulée, il y a une impulsion invisible : l'intention. C'est elle qui détermine la direction et la qualité de tout ce que nous accomplissons. Comme un pilote intérieur, elle oriente chaque décision, attire certaines opportunités, en éloigne d'autres, et façonne silencieusement notre réalité.

Dans un monde obsédé par les méthodes, les outils et les résultats, nous oublions souvent le principe fondamental : on ne récolte pas au-delà de la nature de la graine que l'on sème dans son cœur. Et le cœur est justement ce lieu secret où naissent les intentions — pures ou confuses, inspirées ou égoïstes — qui deviendront des actions visibles.

Les Lois du Royaume reposent sur ce mystère : tout commence par une intention, et la qualité de cette intention détermine la qualité de la création qui en découle.

Avant de chercher la bonne stratégie, Dieu nous invite à sonder la bonne source. Avant de « faire », Il nous enseigne à « être ». Avant de courir après les résultats, Il nous appelle à aligner le cœur.

Ce chapitre est donc la première pierre de l'édifice qui te conduira de l'intention à l'abondance. Je ne parlerai pas pour l'instant de techniques ni de plan d'action, mais de la source même de la puissance créatrice — cette énergie spirituelle et consciente déposée en toi pour transformer ton intention et ton élan du cœur en réalité.

Ensemble, nous allons explorer comment une intention claire, pure et alignée sur les principes du Royaume devient la force invisible qui ouvre les portes, attire la faveur et rend possible ce qui peut sembler impossible ; car l'intention véritable est une décision intérieure — une alliance silencieuse entre ta volonté et la grâce divine.

1.1. Que la lumière soit, et la lumière fut

Toute création — qu'elle soit divine ou humaine — commence par une intention. Rien de durable ne naît du hasard. Derrière chaque œuvre, chaque entreprise, chaque transformation de vie, il y a d'abord une décision intérieure. Toute création, qu'elle soit divine ou humaine, commence par une intention.

Lorsque le Créateur prononce ces mots puissants : *« Que la lumière soit »*, il libère une intention pure, porteuse d'une direction précise et d'une énergie créatrice capable de donner forme à l'univers. Cette phrase inaugure le principe suivant : avant toute manifestation visible, il y a une volonté consciente et alignée. Dieu ne réagit pas — Il crée. Et chaque fois que nous agissons avec une intention claire et consacrée, nous participons à ce même principe créateur.

Dans la vie humaine, ce processus se répète à chaque échelle et dans chaque domaine de succès :

- Avant la création d'une entreprise bénie par Dieu, il y a une décision intérieure, un désir sincère de servir avec intégrité, de créer des emplois, d'être une source de bénédiction à travers son projet entrepreneurial.
- Avant la publication d'un livre qui change positivement des vies, il y a la décision intérieure de transmettre un message utile qui ne peut plus être contenu.
- Avant de faire un don significatif qui transforme une vie, il y a l'intention de générosité qui surmonte la peur du manque personnel.

Cette étincelle, cette décision, c'est l'intention.

1.2. Le cœur : l'autel intérieur, source et centre de contrôle

Tout ce que nous manifestons à l'extérieur — qu'il s'agisse de réussite, de relations, de paix ou d'abondance — prend racine dans une semence invisible : l'intention du cœur. Ce que ton cœur nourrit, ta vie finit par le révéler et l'exprimer.

- Si ton cœur est animé par la peur, l'envie ou le besoin de reconnaissance, ces énergies se traduiront tôt ou tard dans tes résultats.
- Mais si ton cœur est habité par la foi, la paix, l'amour et le désir sincère d'accomplir la volonté divine, cette lumière intérieure se reflétera dans tes décisions, ton équilibre et la qualité de ta réussite.

« Garde ton cœur plus que toute autre chose, car de lui jaillissent les sources de la vie. » Proverbes 4:23

Le cœur est la source de la vie au sens le plus profond : il détermine la nature du fleuve que tu fais couler dans le monde. Il doit être gardé, protégé et purifié, car si l'eau est trouble à la source, le fleuve de ta vie le sera aussi.

Tu t'es intéressé à ce livre sans doute parce que tu as l'intention de manifester l'abondance dans ta vie, une abondance matérielle et financière vécue dans la paix. Or, ce qui nourrit durablement ton portefeuille tout en préservant ta paix commence toujours par ce qui habite ton cœur.

Nous passons souvent nos vies à chercher la clé du succès dans le monde extérieur : les diplômes, les stratégies, les contacts ou les opportunités ; mais la vraie loi qui gouverne toute élévation — celle qui ne vieillit pas, celle qui ne dépend ni des saisons ni des circonstances — ne se trouve pas dehors. Elle est intérieure. Elle est en toi. Elle commence dans le cœur, ce lieu sacré où naissent tes intentions, tes directions et tes bénédictions.

Prospérer sans perdre son âme commence absolument par une intention pure et un cœur aligné à la perspective de l'abondance divine. En d'autres termes, si ton intention est de manifester la prospérité dans ta vie en préservant ta paix intérieure, la toute première étape est de disposer ton cœur à vivre cette abondance selon la perspective divine.

Je me permets de caricaturer ici deux types de réussite :

- **La réussite (la prospérité et l'abondance apparentes)**, celle que le monde admire mais qui peut laisser ton âme vide.
- **La réussite (la prospérité et l'abondance agréées)**, celle que Dieu valide, qui porte paix, équilibre, joie et protection.

Ce livre veut te guider vers la seconde : une réussite qui honore Dieu parce qu'elle naît d'un cœur pur et d'une intention juste. La perspective divine de l'abondance consiste à te positionner comme un canal de la Source de l'abondance et de la paix qui n'est autre que Dieu lui-même.

1.3. Devenir la source : l'abondance comme flux divin

Dans le monde, on apprend très tôt à accumuler pour devenir riche. Dans le Royaume, on apprend à donner pour devenir fécond.

« Donnez, et il vous sera donné… car on vous mesurera avec la mesure dont vous vous serez servis. » Luc 6:38

Cette parole n'est pas une simple exhortation morale ; elle révèle une loi spirituelle. Dans la perspective divine, l'abondance n'est jamais un stock figé que l'on thésaurise par peur de manquer. Elle est un flux vivant, un mouvement continu qui circule à travers celui qui accepte d'en être le passage. L'abondance ne se conserve pas : elle se transmet. Elle ne se fige pas : elle coule. Et plus elle circule, plus elle s'élargit.

Si tu veux vivre une abondance qui honore Dieu — y compris sur les plans matériel et financier — la question n'est pas d'abord de savoir combien tu possèdes, mais qui tu choisis d'être. Choisis d'être le canal connecté à la Source, celui à travers de qui passe le flot d'abondance provenant de la Source pour bénir les autres.

L'abondance et la prospérité commencent dans ta vie dès que tu te positionnes comme un canal et non comme un réservoir. Car, dans la perspective du Royaume, l'abondance ne répond pas au cri du besoin ; elle répond à la semence. Dieu multiplie ce que tu donnes, pas ce que tu retiens. Si tu te considères comme quelqu'un qui manque, tu refléteras cette condition ; mais si tu te considères comme celui qui possède suffisamment pour donner à ceux qui sont dans le besoin, le Ciel te percevra comme tel et t'en donnera davantage pour que tu continues à être le vecteur de l'abondance divine.

1.4. L'affrontement des lois : deux logiques, deux destinées

Tout au long de notre existence, deux logiques s'opposent silencieusement dans le secret de nos cœurs.

La loi du monde face à la loi du Royaume

- **La logique du monde** : «Garde pour avoir.» Elle ferme la main, nourrit la peur du manque et enferme dans une vigilance constante. Plus on retient, plus on craint de perdre. C'est la voie de la stagnation.
- **La logique du Royaume** : «Donne pour recevoir.» Elle ouvre la main, libère la confiance et installe une paix profonde. Plus on partage, plus le courant s'intensifie. C'est la voie du mouvement.

Choisis la logique du Royaume. Tu n'es pas un réservoir destiné à être rempli puis vidé ; tu es un canal. Dès que tu retiens, le flux se contracte. Dès que tu laisses passer, il s'élargit. L'abondance qui préserve ta paix est la conséquence naturelle de ton alignement spirituel, et non la récompense d'une lutte épuisante. Elle se manifeste pour soutenir ta capacité à donner, à servir et à bénir.

La mentalité de pauvreté face à l'abondance mentale

Deux autres logiques s'affrontent dans nos pensées :

- **La pauvreté mentale :** Elle se focalise sur les manques, les dettes et l'inquiétude du lendemain. Elle pousse à s'apitoyer constamment sur son sort. En parlant sans cesse de ses limites matérielles, on suggère continuellement le manque à son subconscient. L'individu finit par s'identifier à cette privation, prophétisant ainsi sa propre précarité et se conditionnant à y demeurer.

- **L'abondance mentale :** Elle ne nie pas les difficultés, mais elle refuse de leur donner le premier rôle. Elle focalise son attention sur ce qu'elle possède déjà pour bénir le monde, même au cœur de l'épreuve. Elle rend grâce pour le «déjà-là» et donne avec joie, comptant sur Dieu comme son unique Source et comme son Pourvoyeur.

Choisis la seconde : «l'abondance mentale». Là où la première logique programme le subconscient pour la survie, la seconde le programme pour la vie. En t'identifiant à la Source plutôt qu'à tes circonstances, tu prophétises l'abondance sur ta vie. Le Ciel reconnaît alors en toi un gestionnaire fidèle et te confie davantage, pour que tu continues à être l'instrument de Sa générosité.

1.5. Dieu : Ta source unique et ton pourvoyeur fidèle

Faire le choix de la logique du Royaume et de l'abondance mentale n'est pas un simple exercice intellectuel ; c'est un acte de foi radical qui demande un véritable lâcher-prise.

Prends un instant pour examiner l'état de ton âme. Qu'est-ce qui occupent tes pensées en ce moment même ? Ressens-tu cette contraction dans ta poitrine, ce poids qui accompagne l'inquiétude face au lendemain ? Si ton cœur est rempli de peur ou de stress face à tes finances, c'est le signe que tu portes encore ce fardeau seul, sur tes propres épaules. Mais aujourd'hui, une invitation t'est lancée...

Dépose ton fardeau au pied de la Croix

Le processus de transformation commence dès que tu acceptes de ne plus être ta propre source de sécurité. Jésus te tend les bras :

« Venez à moi, vous tous qui êtes fatigués et chargés, et je vous donnerai du repos. » Matthieu 11:28

Déposer ton fardeau au pied de la Croix, c'est confier tes factures, tes dettes et tes manques à Celui qui a tout accompli. C'est accepter que tes circonstances actuelles ne définissent pas ta provision future.

Reconnecte-toi à la fidélité du Père

Pourquoi douter de Sa capacité à prendre soin de toi ? Le Christ nous invite à observer la création pour comprendre le cœur de Dieu :

« Regardez les oiseaux du ciel : ils ne sèment ni ne moissonnent [...] et votre Père céleste les nourrit. Ne valez-vous pas beaucoup plus qu›eux ? » Matthieu 6:26

Si Dieu vêtit les lis des champs avec une splendeur qui dépasse celle de Salomon, combien davantage prendra-t-il soin de toi ? Ton rôle n'est pas de t'épuiser dans l'inquiétude, car *« qui de vous, par ses inquiétudes, peut ajouter une coudée à la durée de sa vie ? »* (Matthieu 6:27). Ton rôle est de replacer Dieu au centre :

« Cherchez premièrement le royaume et la justice de Dieu ; et toutes ces choses vous seront données par-dessus. » Matthieu 6:33

La paix comme boussole et gardienne de ton cœur

Le signe que tu as réellement engagé le processus de lâcher-prise, c'est l'installation d'une paix nouvelle. L'Apôtre Paul nous donne la clé complète dans *Philippiens 4:6-7* :

« Ne vous inquiétez de rien ; mais en toute chose faites connaître vos besoins à Dieu par des prières et des supplications, avec des actions de grâces. Et la paix de Dieu, qui surpasse toute intelligence, gardera vos cœurs et vos pensées en Jésus-Christ. »

Pourquoi cette paix est-elle la clé ?

Elle surpasse toute intelligence.

La paix que Dieu donne n'est pas logique. Selon l'intelligence humaine, on ne peut être en paix que lorsque les factures sont payées et que le compte est plein. Mais la paix du Royaume est surnaturelle : elle s'installe pendant que la tempête gronde encore. Elle ne dépend pas de tes circonstances, mais de ta connexion à la Source. Si tu te sens calme alors que tout semble incertain, c'est le signe que tu as cessé de lutter par tes propres forces pour te reposer en Lui.

Elle agit comme une sentinelle.

La paix de Dieu «montera la garde» autour de toi. Comme un soldat à l'entrée d'une forteresse, cette paix filtre ce qui tente d'entrer dans ton esprit. Elle empêche les pensées de manque, de peur et de pauvreté mentale de franchir la porte de ton cœur.

Elle protège tes pensées et ton cœur.

Ton subconscient est le siège de tes émotions (le cœur) et de tes décisions (les pensées). En confiant ton fardeau à Jésus, tu permettras à Sa paix de saturer ces deux domaines. Au lieu de prophétiser le manque, tu commenceras à percevoir des opportunités et des solutions que l'inquiétude te cachait.

Un exercice de foi pour aujourd'hui

Fais ce choix maintenant :

1. Identifie le fardeau qui te pèse (une dette, un projet bloqué, une peur du futur).
2. Présente-le à Dieu avec une «action de grâces» (remercie-Le non pas pour le problème, mais parce qu'Il est déjà la solution).
3. Réclame Sa paix. Dis simplement:
   «Seigneur, je dépose ceci à Tes pieds. Je refuse de m'inquiéter. Je reçois Ta paix qui garde mon cœur.»

Dès que tu sentiras cette paix s'installer, tu sauras que le canal est ouvert. Le Ciel ne te perçoit plus comme un homme ou une femme en détresse, mais comme un gestionnaire serein de l'abondance divine.

1.6. Se positionner comme créateur-donateur

Celui qui veut recevoir l'abondance doit d'abord en être la source. Cette posture transforme radicalement ta manière de vivre. Tu ne te vois plus comme un mendiant dépendant des circonstances, mais comme un créateur-donateur, un instrument à travers lequel Dieu agit. Dieu ne multiplie jamais ce que tu caches. Il multiplie ce que tu présentes.

C'est l'une des lois les plus constantes de l'Écriture : la multiplication commence toujours par une semence visible, souvent ordinaire, parfois insignifiante aux yeux humains.

Souviens-toi de cette scène si connue. Face à la foule affamée, les disciples, paniqués, regardent leur petit trésor — *« Nous n'avons que cinq pains et deux poissons »* — et pensent que cela n'a pas de valeur, que cela ne peut pas suffire. Jésus ne raisonne pas avec cette logique du manque. Il leur demande : « *Apportez-les-moi* ». Il n'a pas demandé ce qu'ils n'avaient pas ; Il a demandé ce qu'ils avaient déjà. Ce qui était insignifiant entre leurs mains est devenu suffisant entre les mains de Dieu. Le moment clé fut la distribution : la multiplication ne s'est pas produite dans la prière, mais dans la distribution. Et ce qui semblait dérisoire devient surabondant : douze paniers remplis.

Il en va toujours ainsi. La multiplication commence quand tu acceptes de donner ce que tu as déjà.

L'abondance commence à l'intérieur

La véritable abondance naît bien avant de se manifester à l'extérieur. Ta première richesse n'est pas financière. Elle est intérieure : spirituelle, émotionnelle, identitaire. La première chose que tu offres au monde, ce n'est pas ton argent. C'est toi.

Tu portes déjà en toi :

- ton amour et ta compassion,
- ta sagesse et ton discernement,
- ta joie, ton humour, ta présence,
- tes connaissances, tes talents,
- tes ressources matérielles et financières,
- ton réseau, ta voix, ta force,
- et surtout la présence de Dieu qui habite en toi.

Dans cette perspective, le principe devient limpide : si tu veux plus de quelque chose dans ta vie, deviens-en la source. Si tu veux plus de sagesse, commence par en offrir. Si tu veux plus de paix, sème la paix. Si tu veux voir le miracle, commence par incarner le miracle. Pour manifester l'abondance — y compris matérielle et financière — il faut d'abord agir comme si l'abondance était déjà ton état naturel. Non par illusion, mais par alignement intérieur. Sois abondant. Et fais ce que l'abondance ferait. Même si tu ne possèdes que peu, donne-en. Car lorsque tu te positionnes comme la source, Dieu ne peut que refléter et multiplier ce que tu choisis d'être. L'abondance vient toujours à ceux qui décident d'en être les initiateurs.

En donnant ce que tu as, tu brises la croyance du manque. Tu t'ouvres comme un canal par lequel la bénédiction circule librement. Comme le dit si simplement la prière de saint François : *« C'est en donnant qu'on reçoit. »*

Donner avec discernement et amour

Attention : donner n'est pas un geste vide ou automatique. La générosité doit être un acte conscient et empli d'âme.

Le partage de tes ressources – qu'il s'agisse de ton amour, de ta sagesse, de ton écoute ou de tes biens financiers – doit jaillir d'un cœur plein d'amour et de manière désintéressée. Ta générosité doit être orientée vers les besoins réels.

Pour que cet acte ait un sens profond, il exige le discernement. Tu ne dois pas donner par obligation, mais par conviction. Il est vital de *« sentir la chose »* et de vouloir servir sincèrement, ou, mieux encore, de prier Dieu de te guider pour apprendre à donner selon Son cœur, compatissant et bienveillant.

Il est aussi crucial de donner pour l'œuvre de Dieu. C'est là l'opportunité d'expérimenter concrètement Sa grâce et Sa providence.

Regarde cette invitation unique : *« Apportez à la maison du trésor toute la dîme... mettez-moi de la sorte à l›épreuve, dit l›Éternel des armées, et vous verrez si je n›ouvre pas pour vous les écluses des cieux, si je ne répands pas sur vous la bénédiction en abondance. » Malachie 3:10*

Ce verset est l'unique endroit dans toute la Bible où Dieu demande expressément de Le mettre à l'épreuve – et Il le fait dans le domaine de la générosité ! Pourquoi ? Parce que cet acte touche à trois réalités profondes de ton être : la Foi, la Confiance, et ta compréhension de Dieu comme Source inépuisable.

Ce n'est pas une taxe, ni une obligation mécanique. C'est un acte de reconnaissance suprême : reconnaître que tout ce que tu possèdes vient de Lui et que tout retourne à Lui. Lorsque tu donnes à Dieu, tu déclares symboliquement : *« Seigneur, Tu es la source de ma vie, de mes ressources, de mes opportunités et de mon avenir. »* C'est une posture intérieure d'humilité, de gratitude et de confiance.

Comprends ceci : tout ce que tu donnes avec amour pour bénir ton prochain ou glorifier Dieu te revient, amplifié et multiplié sous différentes formes – oui, y compris matériellement et financièrement.

Le miracle de l'abondance n'est pas dans ce qui te manque, mais dans ce que tu as déjà entre les mains. Il s'active quand tu décides d'en faire un don, car quand tu donnes ce que tu as, Dieu donne ce que Lui a, et Sa réserve est infinie.

C'est là l'essence de cet enseignement : l'abondance extérieure n'est jamais une conquête ; elle est la conséquence naturelle d'une abondance intérieure partagée.

1.7. L'articulation de l'intention

Choisir de vivre dans l'abondance — sous toutes ses formes, y compris matérielle et financière — tout en demeurant dans la paix du contentement commence par une prise de conscience essentielle : tu n'es pas destiné à vivre comme un simple réceptacle dépendant des circonstances, mais comme une source, un canal par lequel les bénédictions circulent. Cet alignement intérieur s'exprime lorsque tu offres volontairement tes talents, tes passions et tes ressources au service des autres et pour la gloire de Dieu. Il ne s'agit pas d'une idée abstraite ni d'un principe théorique, mais d'un changement profond de posture, d'un éveil intérieur qui transforme ta manière de penser, de décider et d'agir au quotidien.

Se positionner comme source est une discipline de chaque jour. L'abondance que tu reçois n'est jamais indépendante de ta capacité à donner. L'énergie de la vie est un flux, jamais un stock. Plus tu t'ouvres, plus le courant s'intensifie. Mais pour que cette intention ne reste pas un simple ressenti intérieur, elle doit être formulée, articulée et présentée à Dieu. Tant qu'elle demeure silencieuse, elle reste une graine dormante. Lorsqu'elle est exprimée avec foi, elle devient une semence vivante, porteuse de direction, de multiplication et de faveur.

C'est ici que beaucoup hésitent. Pourquoi dire à Dieu ce qu'Il sait déjà ? Et pourtant, dans les Évangiles, Jésus pose cette question étonnante : *« Que veux-tu que je fasse pour toi ? »* Lorsqu'Il s'adresse à Bartimée, l'aveugle, ce n'est pas pour s'informer. Le miracle se déclenche au moment précis où l'homme articule son intention : *« Seigneur, je veux voir. »* Cette scène révèle une loi spirituelle fondamentale : Dieu agit en réponse à l'intention exprimée, non parce qu'Il ignore nos désirs, mais parce qu'Il nous invite à entrer consciemment dans l'alliance.

Formuler ton intention est un acte d'alignement. Tant qu'elle reste floue, ton énergie est dispersée. Dès que tu la déclares — par la parole, la prière ou l'écriture — elle prend forme. Elle quitte le domaine du vague pour entrer dans celui de la création. C'est ainsi que ton cœur et ton esprit signent ensemble un engagement devant Dieu. L'expression clarifie ta pensée, transforme un désir diffus en décision précise, et cette clarté attire naturellement la direction et la provision. Elle t'engage pleinement : tu quittes la posture du spectateur pour devenir co-créateur, reconnaissant que ta réussite s'inscrit dans une coopération entre ta volonté et la sagesse divine. Elle ancre enfin ta foi, car on ne peut croire activement en ce que l'on n'a pas nommé.

Le souhait espère. L'intention décide. Le souhait dit : « *J'aimerais que cela arrive.* » L'intention dit : « *Seigneur, voici ce que je choisis de bâtir avec Toi.* » Et Dieu ne conclut pas d'alliance avec un simple souhait, mais avec ceux qui prennent une décision intérieure claire. Lorsque l'intention est articulée, la grâce entre en mouvement. Les coïncidences deviennent des alignements, les opportunités se précisent, les ressources apparaissent non par agitation, mais par accord avec le courant divin.

C'est là le principe du Royaume : *demander, chercher, frapper*. Non pour informer Dieu, mais pour activer la loi de la demande consciente et devenir partenaire de Son œuvre. Une intention non formulée reste une idée. Une intention formulée devient une alliance. Et une intention alignée attire la faveur. Voilà pourquoi toute intention destinée à porter du fruit doit être exprimée, présentée et confiée à la Source, afin que ce que tu déclares avec foi puisse être confirmé par le Ciel.

1.8. Définir, formuler et présenter ton intention à Dieu : le sceau de l'alliance

Après avoir compris la nature de l'intention, son rôle créateur et l'importance d'un cœur purifié, voici l'étape la plus décisive : articuler consciemment ton intention et la présenter à Dieu.

Tant qu'une intention reste intérieure et implicite, elle demeure une possibilité. Lorsqu'elle est formulée avec clarté et foi, elle devient un engagement. C'est ce passage — de l'intime au déclaré — qui scelle l'alliance. Tu ne fais pas qu'espérer : tu choisis, tu te positionnes, tu coopères.

Pour t'aider à discerner et formuler ton intention, voici quelques exemples dont tu peux t'inspirer. Ce ne sont pas des formules magiques, mais plutôt des repères pour t'aider à trouver des mots alignés avec ton cœur.

- *Mon intention est de vivre une abondance qui s'active lorsque je deviens un canal ouvert : je sème comme les disciples ont partagé les poissons. Je choisis d'être la source à travers laquelle Dieu peut distribuer, ouvrir, nourrir, multiplier et manifester Sa gloire dans la vie des autres.*
- *Je suis la source. Un canal de l'abondance de Dieu. Je vis dans l'abondance matérielle et financière et dans la paix du contentement, en mettant généreusement mes talents, mes compétences et mes ressources au service de l'humanité et pour la gloire de Dieu.*
- *Je manifeste une prospérité juste, durable et abondante. Ma vie est un témoignage vivant de la fidélité de Dieu, en enrichissant, servant et transformant les autres par les ressources à ma disposition et les dons qu'Il a placés en moi.*

- *Mon intention est de laisser Dieu utiliser ce que je donne et ce que je suis, afin qu'Il multiplie, nourrisse et répande Sa prospérité à travers moi.*
- *Je marche dans une prospérité qui reflète la bonté de Dieu, en mettant mes talents, mes dons et mes ressources au service du bien commun, afin de bâtir et d'élever des vies pour Sa gloire.*

Exercice pratique : clarifier ton intention

Ce moment est essentiel. Prends-le comme un acte fondateur.

Étape 1 — Écoute et formulation

Prends quelques instants de silence.
Formule ton intention en une, deux ou trois phrases simples, claires et alignées. Tu peux t'inspirer des exemples ci-dessus ou écrire la tienne.

Étape 2 — Présentation de l'intention à Dieu

Voici une prière pour sceller ton intention.

Père céleste,
Source de toute vie et de toute abondance,
je Te présente mon intention que voici:

(Lis ton intention)

Purifie-la, aligne-la à Ta sagesse,
et fais-en une semence de prospérité juste et féconde.

Je T'offre ce que j'ai,
Multiplie-le pour Ta gloire
et fais de moi une source d'abondance,
de provision et de bénédiction pour les autres.

Conduis-moi dans une prospérité paisible,
durable et alignée à Ton plan.
Que le fruit de mon travail Te glorifie
et bénisse largement.

Au nom de Jésus.

Amen.

1.9. Rétablir l'autel intérieur avant la multiplication

Beaucoup aspirent à l'abondance en se concentrant sur la multiplication des stratégies, des prières et des initiatives visibles. Pourtant, la prospérité qui honore Dieu et préserve la paix ne se libère ni par la seule demande, ni par l'effort humain, ni par l'intelligence déployée. Elle s'active lorsque les fondations spirituelles sont restaurées, purifiées et remises en ordre. Avant que les portes extérieures ne s'ouvrent, les autels intérieurs doivent être rétablis.

C'est pourquoi tout bâtisseur conscient est appelé à traverser trois passages spirituels essentiels. Ils ne sont ni symboliques ni facultatifs ; ils marquent un tournant décisif, un sceau intérieur qui prépare la fécondité durable :

- la repentance qui purifie la source,
- l'autorité spirituelle qui brise les entraves,
- et la prière de provision qui ouvre le flux de l'abondance venant de Dieu.

1.9.1. La prière de repentance : rétablir l'ordre et la responsabilité

Dans le Royaume, la prospérité n'est jamais dissociée de la responsabilité. Dieu confie toujours avant de multiplier. Et tout ce qu'Il confie — temps, talents, ressources, opportunités, finances — appelle une gestion fidèle, consciente et alignée. Là où l'administration est désordonnée, la multiplication se bloque ; là où l'ordre est restauré, la faveur circule.

La repentance pour la prospérité dépasse la simple reconnaissance d'une faute morale. Elle touche à la manière dont l'homme a géré ce qui lui a été confié. Il est possible de désirer sincèrement l'abondance tout en vivant selon une logique d'autosuffisance : décisions prises sans prière, projets menés sans discernement, dépenses sans vision, confiance excessive dans ses propres capacités. Cette posture crée une rupture intérieure. Elle épuise, fragilise et limite la fécondité.

Se repentir, ici, c'est reconnaître que Dieu n'a pas toujours été pleinement replacé au centre de la gestion de la vie. C'est rétablir l'ordre juste : Dieu comme Source, l'homme comme intendant (Deutéronome 8:18). Là où cet ordre est brouillé, la prospérité devient instable, fragmentée ou conflictuelle. Là où il est restauré, la paix revient et la croissance retrouve sa sécurité.

Cette repentance implique de confesser les mauvais usages de l'argent et des ressources — la peur, l'attachement excessif, l'inquiétude, l'avidité ou la négligence — et de choisir une nouvelle posture : faire confiance à Dieu comme pourvoyeur, cesser de s'inquiéter du lendemain, et s'appuyer sur Sa fidélité (Matthieu 6:25–34 ; Philippiens 4:19). Elle conduit à une vie financière et matérielle alignées avec le Royaume : générosité assumée, soutien de l'œuvre de Dieu, attention portée aux nécessiteux, sagesse dans la gestion et le discernement des opportunités.

La repentance est une restauration, non une condamnation. Elle ouvre l'espace intérieur où la sagesse divine peut de nouveau gouverner, orienter et sécuriser la croissance. Elle prépare le terrain, purifie la source et rend le cœur disponible à une prospérité juste, paisible et durable. Car lorsque l'homme se réaligne, Dieu ouvre les écluses selon Son ordre (Malachie 3:10).

Se disposer pour la prière de repentance

Avant d'entrer dans cette prière, prends un instant pour t'arrêter. Ne lis pas ces mots comme une formalité, mais comme une invitation. La repentance n'est pas une obligation religieuse ; elle est un choix libre et conscient de réalignement.

Laisse l'Esprit de Dieu sonder ton cœur. Examine sans crainte la manière dont tu as géré ce qui t'a été confié : ton temps, tes talents, tes opportunités et tes ressources. Il ne s'agit pas de te juger, mais de reconnaître avec vérité ce qui a été conduit sans Dieu, à côté de Lui, ou en dehors de Lui (Psaume 139:23–24).

Approche cette prière avec humilité et confiance. Dieu ne révèle jamais pour condamner, mais pour restaurer. Là où tu reconnaîtras un désordre, Il est prêt à rétablir l'ordre. Là où tu déposeras le contrôle, Il est prêt à reprendre la gouvernance.

Offre simplement un cœur sincère. Celui qui confesse trouve miséricorde, et celui qui se détourne reçoit la faveur (Proverbes 28:13). Fais cette prière lentement, consciemment, comme un acte fondateur. Ce moment marque un tournant : la purification de la source avant la multiplication.

Lorsque tu es prêt, entre maintenant dans la prière de repentance.

Prière de repentance : Consécration des ressources et dépendance à Dieu

Père céleste,
Je me tiens devant Toi avec un cœur humble et sincère,
car rien n'est caché devant Ton regard.

Je reconnais que, dans certaines saisons de ma vie,
je n'ai pas toujours honoré Ta sagesse
dans la gestion des ressources que Tu m'as confiées.
Tu m'as donné du temps, des talents, des relations,
des opportunités et des moyens matériels,
mais j'ai parfois agi sans Te consulter,
compté sur mes calculs plus que sur Ta direction,
cherché la sécurité dans mes propres forces
au lieu de m'appuyer pleinement sur Toi.

Je me repens de toute décision prise sans prière,
de tout projet mené sans alignement,
et de toute ressource mal administrée
par précipitation, par peur ou par manque de foi.
Pardonne-moi d'avoir oublié
que c'est Toi qui donnes le pouvoir d'acquérir la richesse.

Aujourd'hui, je renonce à toute autosuffisance
et à toute illusion de contrôle indépendant de Toi.
Je reconnais que sans Toi je ne peux rien faire,
et qu'en Toi je peux accomplir ce qui est conforme à Ton dessein.

Purifie mon cœur, renouvelle mon intelligence,
et restaure en moi l'esprit d'un intendant fidèle.
Je Te rends le gouvernement de mes finances,
de mes projets, de mes revenus et de mes investissements.

Apprends-moi à compter sur Toi avant de compter mes ressources,
à chercher Ta sagesse avant d'activer mes capacités,
et à Te placer au centre de toute prospérité durable.

Je reçois Ton pardon, Ta grâce et Ta restauration,
et je choisis de marcher désormais
dans l'humilité, l'obéissance et la confiance.

Au nom précieux de Jésus-Christ.
Amen.

Inspirée de : Proverbes 3:5-6 ; Deutéronome 8:18 ; Luc 16:10-11 ; Jean 15:5

1.9.2. La prière d'autorité et de déclaration : briser les chaînes et débloquer la prospérité divine

Une fois l'ordre intérieur restauré, une autre dimension doit être activée : l'autorité spirituelle. Car tout ce qui entrave la prospérité ne tombe pas automatiquement par la repentance ou la bonne intention. Certaines résistances — cycles de dettes, retards persistants, blocages répétés, stagnations anormales — subsistent parce qu'elles n'ont jamais été explicitement confrontées et brisées.

Dans la logique du Royaume, la parole est une puissance agissante. Elle ne décrit pas seulement la réalité : elle la façonne. Ce qui est toléré intérieurement et confirmé verbalement finit par s'installer. À l'inverse, ce qui est confronté, renversé et déclaré avec foi est détruit (Proverbes 18:21).

La prière d'autorité s'exerce au nom de Jésus-Christ, revêtu de l'autorité reçue par Son sacrifice et par Sa victoire. Celui qui prie ne parle pas en son propre nom, mais sur la base d'une œuvre accomplie. Car le Fils de Dieu est apparu pour détruire les œuvres de l'ennemi, y compris celles qui maintiennent le peuple de Dieu dans le manque, la peur ou la servitude (1 Jean 3:8).

Cette prière vise donc le brisement des chaînes : chaînes de pauvreté, de dettes, de retards chroniques, de limitation héritée ou acceptée. Elle proclame la fin des jougs qui entravent la fécondité et annonce un nouvel ordre aligné avec la volonté de Dieu (Ésaïe 10:27). Là où les chaînes sont brisées, le mouvement est rétabli.

Exercer l'autorité spirituelle, ce n'est pas nier les réalités visibles, mais refuser qu'elles aient le dernier mot. C'est déclarer que Dieu est la Source, qu'Il donne le pouvoir d'acquérir la richesse pour établir Son alliance, et que la prospérité qui vient de Lui est désormais débloquée (Deutéronome 8:18). C'est affirmer que la bénédiction de l'Éternel repose sur la maison du juste et que l'abondance y trouve sa place (Psaume 112:3).

Sans cette étape, le bâtisseur risque de porter une vision juste dans un environnement spirituel encore verrouillé. L'autorité spirituelle agit alors comme un acte de gouvernement : elle détruit les obstacles, libère les passages et permet à la prospérité divine de circuler librement, sans trouble ni confusion. Car dans le Royaume, la délivrance précède l'établissement, et le déblocage spirituel prépare la manifestation visible (Marc 11:23).

Se disposer pour la prière d'autorité

Avant d'entrer dans cette prière, prends un moment pour te tenir intérieurement en position d'autorité, non par force humaine, mais par alignement spirituel. Cette prière n'est pas une supplication, mais un acte de gouvernement. Tu ne parles pas en ton propre nom, mais au nom de Jésus-Christ, revêtu de l'autorité acquise par Son sacrifice et par Sa victoire.

Rappelle-toi que tout ce qui lie, retarde ou bloque n'est pas une fatalité. Certaines chaînes ne tombent pas par le simple désir de changement, mais par une confrontation consciente et déclarée. Ce que tu n'adresses pas demeure. Ce que tu confrontes avec foi peut être brisé (Marc 11:23).

Examine avec lucidité les domaines où la prospérité semble entravée : cycles répétitifs, dettes persistantes, retards chroniques, stagnations inexpliquées. Ne les observe pas avec résignation, mais avec discernement. Le Fils de Dieu est apparu pour détruire les œuvres de l'ennemi, non pour que tu les subisses, mais pour que tu marches dans la liberté qu'Il a acquise (1 Jean 3:8).

Approche cette prière avec assurance et sobriété. Il ne s'agit ni de crier, ni de lutter, mais de déclarer l'ordre du Royaume. Là où les chaînes sont brisées, le mouvement reprend. Là où l'autorité est exercée, les passages se dégagent.

Lorsque tu es prêt, entre maintenant dans la prière d'autorité et de déclaration, et proclame avec foi ce qui doit être établi.

Prière d'autorité : Rétablir le flux de la prospérité

Père céleste,
Je viens devant Toi au nom de Jésus-Christ,
revêtu de l'autorité que Tu m'as donnée
par Son sacrifice et par Sa victoire.

Ta Parole déclare que le Fils de Dieu est apparu
pour détruire les œuvres de l'ennemi.
Aujourd'hui, je me tiens sur cette vérité
et j'exerce mon autorité spirituelle avec foi.

Au nom de Jésus-Christ,
je brise toute chaîne visible et invisible
qui entrave ma prospérité selon Dieu.

Je brise toute stagnation financière,
tout retard injustifié,
toute limitation héritée, apprise ou acceptée.

Je déclare que tout joug est détruit
par l'onction de l'Éternel.
Je refuse que le manque, la peur de l'insuffisance
ou l'esprit de retard gouvernent ma vie.

J'annule toute parole négative
prononcée contre mon avenir financier.
Je renverse toute forteresse mentale
qui m'empêche de recevoir pleinement
les richesses que Dieu a prévues pour moi.

Maintenant, j'invoque et je proclame
l'abondance qui vient de Dieu seul.
Je déclare que les portes fermées s'ouvrent.
Je déclare que les chemins bloqués se dégagent.
Je déclare que les saisons retardées s'alignent
avec le calendrier divin.

Je reçois la prospérité qui enrichit
sans ajouter de trouble.
Je reçois les ressources justes,
les opportunités légitimes
et les connexions ordonnées par Dieu.

Je déclare que je ne manquerai de rien,
car l'Éternel est mon berger.
Je déclare que je suis une source et non un réservoir vide.

Ma vie financière est désormais alignée
avec le Royaume de Dieu,
Sa justice, Sa sagesse et Sa paix.

Je le proclame avec foi,
je l'établis par la Parole,
et je le reçois avec gratitude.

Au nom puissant de Jésus-Christ.
Amen.

Inspirée de Esaïe 10:27 ; Luc 10 :19 ; Deutéronome 28 :12-13 ; Proverbes 10 :22, Psaume 23.

1.9.3. La prière de provision : recevoir l'abondance selon l'ordre du Royaume

Après la repentance, la source est purifiée. Après l'autorité, les chaînes sont brisées et les passages dégagés. Vient alors le temps de la provision.

La prière de provision n'est pas une simple demande adressée à Dieu pour combler un manque matériel. Elle est l'acte par lequel le bâtisseur reconnaît pleinement Dieu comme Source, et se positionne consciemment comme canal. Elle ne naît ni de la peur, ni de l'urgence, ni de l'avidité, mais d'un alignement intérieur rétabli et d'une foi devenue mature.

Dans l'ordre du Royaume, Dieu pourvoit là où Il gouverne. La provision divine ne circule pas dans le désordre, ni dans la précipitation, ni dans l'indépendance spirituelle. Elle se manifeste lorsque le cœur est aligné, lorsque la parole est juste, et lorsque l'intention est purifiée. C'est une abondance qui répond à une posture, plus qu'à une formule.

La prière de provision repose sur une vérité fondamentale : Dieu connaît les besoins avant qu'ils ne soient exprimés, et Il a déjà préparé les ressources nécessaires à l'accomplissement de ce qui est aligné avec Sa volonté (Matthieu 6:8 ; Philippiens 4:19). Mais recevoir cette provision exige plus qu'une demande verbale : cela requiert une foi confiante, une parole accordée, et une disponibilité intérieure à administrer ce qui sera confié.

La prospérité selon Dieu ne vise jamais l'accumulation stérile. Elle est donnée pour établir, soutenir, transmettre et bénir. Elle équipe le bâtisseur pour accomplir sa mission, prendre soin des siens, honorer ses engagements, et devenir une source pour d'autres. C'est pourquoi la prière de provision n'est pas dissociée de la responsabilité. Dieu donne le pouvoir d'acquérir la richesse, mais Il attend en retour une gestion fidèle, sage et consciente (Deutéronome 8:18 ; Luc 16:10).

Cette prière marque également un changement profond de posture. Le bâtisseur cesse de se percevoir comme dépendant des circonstances, des hommes ou des systèmes. Il se replace sous la dépendance exclusive de Dieu, sans passivité mais sans anxiété. Il ne réclame plus dans l'inquiétude, il reçoit dans la confiance. Il ne force plus les portes, il discerne celles que Dieu ouvre (Psaume 127:1).

La prière de provision est aussi une prière de paix. La prospérité divine ne s'accompagne ni de trouble intérieur ni de désordre moral. Elle enrichit sans voler l'âme, sans éteindre la conscience, sans détourner de la vocation profonde (Proverbes 10:22). Elle s'inscrit dans la durée, protège l'équilibre intérieur et préserve l'alignement spirituel.

Enfin, cette prière engage le bâtisseur à devenir un intendant actif de ce qu'il reçoit. Car la foi qui demande sans agir demeure incomplète. La provision divine appelle des choix concrets : discipline, générosité, sagesse dans la gestion, discernement dans l'investissement, fidélité dans les petites choses comme dans les grandes (Jacques 2:17 ; 2 Corinthiens 9:8–11).

Ainsi, la prière de provision n'est ni une revendication, ni une formule magique. Elle est l'expression d'une alliance vécue. Elle scelle intérieurement ce qui a été purifié par la repentance et libéré par l'autorité. Elle ouvre le flux d'une abondance juste, ordonnée et paisible — celle qui vient de Dieu et qui demeure.

C'est dans cet esprit, avec foi, gratitude et responsabilité, que tu peux maintenant entrer dans la prière de provision.

Prière pour recevoir la provision divine

Éternel, mon Père et mon Pourvoyeur,
Tu es Celui qui appelle à l'existence ce qui n'existe pas encore.
Tu es la source de toute richesse véritable,
celle qui ne corrompt pas l'âme et qui ne vole pas la paix.

Je Te remercie parce que Tu connais mes besoins avant même que je les exprime.
Je crois que Tu prends plaisir à la prospérité de Ton serviteur
lorsque celle-ci est alignée à Ta volonté.

Je déclare que Tu ouvres pour moi les réservoirs célestes.
Je reçois la sagesse pour créer, gérer et multiplier les ressources.
Je reçois des idées inspirées, des stratégies divines et des partenariats justes.

Que mon travail soit béni,
que mes projets portent du fruit,
et que je sois une source de bénédiction pour d'autres.

Je choisis de chercher d'abord Ton Royaume,
et je crois que tout le reste me sera donné par-dessus.

Merci Seigneur,
car je vis dans la confiance, la gratitude et l'abondance alignée.

Au nom de Jésus-Christ.
Amen.

Inspirée de : Matthieu 6:33 ; Philippiens 4:19 ; Deutéronome 8:18 ; Psaume 23

Tout ce qui devait être rétabli à l'intérieur l'a été. La source a été purifiée, l'ordre spirituel restauré, et la dépendance reconnue. Mais l'alignement, aussi profond soit-il, n'est pas une fin en soi. Il est le point de départ d'une construction consciente. Le chapitre suivant marque ce passage : celui où la vision prend une forme claire, structurée et orientée. Car Dieu ne gouverne pas le flou, et la prospérité durable s'établit toujours sur une vision discernée, assumée et ordonnée.

CHAPITRE 2

CONSTRUIRE TA VISION DAP : DÉSIR, AMOUR ET POTENTIEL

Introduction : de l'intention à la vision

Dans le chapitre précédent, tu as posé l'acte le plus fondamental : la clarification de ton Intention. Tu as choisi d'être un canal. Souviens-toi : cette posture intérieure n'est pas une simple formule magique ; c'est un acte de volonté radicale. L'intention calibre ton énergie et aligne ton cœur pour attirer la grâce divine. Mais une énergie sans direction est vouée à la dispersion. C'est là que naît la vision.

Si ton intention est le moteur, ta vision en est le volant. Elle est la cartographie de ton futur, le plan d'attaque qui donne une direction claire à l'énergie d'abondance que tu as osé activer. Après avoir défini *Qui tu choisis d'être (ton intention)*, la question la plus stratégique se pose : *Que vas-tu bâtir pour créer de la richesse (ta vision) ?*

L'abondance, la prospérité et la richesse durable ne sont pas des concepts éthérés qui tombent du ciel. Elles sont la conséquence d'une production et d'une action délibérée dans la matière. L'abondance n'est pas un vœu pieux ; elle est le fruit de ton engagement, de ta sueur, de ta créativité et de ta responsabilité socio-économique.

2.1. Ton champ de bataille stratégique : l'incarnation socio-économique

Ta vision doit s'incarner dans la sphère socio-économique. C'est ton terrain de jeu, ton champ de bataille où tu conçois, bâtis et multiplies tes projets. Ta vision est la boussole qui oriente l'énergie que tu as mobilisée vers la création de valeur concrète.

Cette contribution, essentielle pour créer la richesse, prend trois formes majeures.

L'expertise salariée

L'expertise salariée ne doit plus être perçue comme une simple subordination, mais comme la mise à disposition structurée de tes compétences au service d'un employeur. C'est un contrat de collaboration où ton savoir-faire rencontre les moyens d'une entreprise pour générer de la valeur. Si tu choisis d'inscrire ton parcours dans le salariat, il est essentiel de comprendre que ce n'est pas une destination finale, mais une étape structurante de ta vision socio-économique globale. Aujourd'hui, le salariat n'est plus une fin en soi. Il devient un outil polyvalent au service de ton ambition personnelle. Au-delà du salaire mensuel, c'est une base de sécurité financière qui te permet de constituer l'épargne nécessaire à des futurs investissements. S'engager dans le salariat n'interdit pas la pluralité. En cultivant des activités parallèles ou en préparant tes « rêves futurs » tout en étant en poste, tu transformes ton emploi actuel en une source de ressources continues pour ta vision à long terme.

L'entrepreneuriat

Entreprendre, c'est oser bâtir ce qui n'existe pas encore. C'est répondre à un besoin réel par une solution concrète. L'entrepreneur transforme une tension en opportunité, une idée en système, une vision en réalité. Il ne cherche pas seulement le profit : il crée de la valeur, il libère des talents, il élargit le champ des possibles pour toute une communauté.

L'investissement

Investir, c'est penser plus loin que soi. C'est faire travailler l'argent pour amplifier la vision, sécuriser l'avenir et préparer la transmission. C'est semer aujourd'hui pour récolter demain, non seulement pour soi, mais pour ceux qui viendront après. L'investissement est l'expression d'une vision mature, patiente et stratégique.

L'intelligence stratégique : tisser une tapisserie d'abondance

La vision authentique ne s'exprime pas dans la restriction, mais dans l'orchestration. Elle ne se limite pas à un seul levier d'action ; elle apprend à les faire dialoguer. Dans l'économie contemporaine, la résilience ne naît plus de la dépendance à une unique source, mais de la capacité à combiner intelligemment ses forces.

C'est ici qu'intervient l'intelligence stratégique : l'art de créer un écosystème cohérent où chaque activité soutient les autres, où chaque flux nourrit l'ensemble. L'abondance durable se construit comme une tapisserie, fil après fil, dans une logique de continuité et d'équilibre.

La synergie n'est pas un luxe, elle est une protection. Une vision adossée à un seul pilier reste exposée. À l'inverse, la diversification permet d'absorber les chocs, de traverser les cycles et de maintenir un mouvement constant. Lorsque l'un des canaux ralentit, les autres prolongent l'élan. La trajectoire demeure stable, même lorsque le contexte change.

Cette approche permet également un puissant effet de levier. La stabilité du présent devient une ressource stratégique : les revenus prévisibles financent les projets émergents, le temps sécurisé d'aujourd'hui achète la liberté de demain. Ainsi, chaque étape de la vie professionnelle cesse d'être isolée ; elle devient un maillon d'une construction plus vaste.

L'intelligence stratégique suppose enfin une gestion consciente de l'énergie. Certaines activités exigent une implication directe, intense et créative ; d'autres requièrent surtout du capital et de la patience. La vision agit alors comme un chef d'orchestre, harmonisant ces exigences sans dispersion ni épuisement.

On peut ainsi observer différentes figures de cette synergie :

- celle du professionnel qui utilise la stabilité de son activité principale pour investir avec discernement ;
- celle de l'entrepreneur qui transforme la croissance de son entreprise en richesse durable grâce à une stratégie d'investissement structurée ;
- ou encore celle de l'individu qui articule simultanément sécurité, création et accumulation, donnant naissance à un cercle vertueux de développement.

Ces trajectoires ne relèvent ni du hasard ni de la suractivité. Elles procèdent d'un choix conscient : celui de penser son parcours comme un système.

L'impératif de la clarté : déclarer son chemin

L'architecture de ton abondance est une décision personnelle. Certains choisiront la simplicité d'un seul pilier, d'autres la complexité maîtrisée de la diversification. Aucune option n'est supérieure en soi. Ce qui fait la différence, c'est la clarté.

Dans quel domaine t'engages-tu réellement ? Par quels canaux entends-tu faire circuler l'abondance que tu bâtis ? Qu'il s'agisse d'un cap de carrière assumé, d'un projet entrepreneurial structurant ou d'une stratégie d'investissement clairement définie, ta vision devient alors une feuille de route.

Avant de te guider dans la rédaction pratique de cette vision, il est crucial d'intégrer les deux fondements qui te donneront le carburant mental et la discipline, nécessaires pour transformer ton rêve en réalité :

1. **Le principe de l'antériorité :** Comment la vision précède la provision (L'Archétype d'Abraham).
2. **Le principe de la direction :** Pourquoi ta vision est le triple rôle de ta boussole (direction, filtre, carburant).

Comprendre ces principes est la clé pour que ton effort se mue en efficacité et ton aspiration en accomplissement. Plongeons dans l'archétype d'Abraham pour saisir la puissance de ton regard...

2.2. Le principe de l'antériorité : voir avant de recevoir

Avant toute stratégie, avant tout effort soutenu, avant même toute discipline, il existe ce principe : la vision précède la provision. Rien de durable ne se manifeste sans avoir d'abord été vu intérieurement. La vision est la première incarnation d'un futur encore invisible ; elle est la peinture de demain sur la toile d'aujourd'hui.

Voir n'est pas rêver. Voir, c'est rendre réel dans l'esprit ce qui n'existe pas encore dans la matière. Tu ne peux pas bâtir ce que tu n'as pas d'abord contemplé avec clarté, conviction et foi. Toute œuvre féconde commence par une image intérieure suffisamment forte pour orienter la pensée, la décision et l'action.

L'Écriture nous révèle ce principe à travers l'archétype fondateur d'Abraham. Dieu ne commence pas par lui donner la terre, ni par lui accorder l'enfant promis. Il commence par former son regard.

« Lève les yeux, et, du lieu où tu es, regarde vers le nord et le sud, vers l'orient et l'occident ; car tout le pays que tu vois, je te le donne » Genèse 13:14-15

L'acte de voir est ici une condition préalable à la possession. La promesse ne devient active qu'après la vision. Abraham doit d'abord intégrer intérieurement ce qu'il est appelé à recevoir extérieurement. La vision n'est pas un rêve abstrait : elle est une carte mentale, une appropriation anticipée du futur.

Face à une réalité qui contredit toute promesse — un homme avancé en âge, sans enfant, sans perspective biologique — Dieu ne cherche pas d'abord à expliquer, ni à rassurer par des arguments. Il agit sur un autre plan : celui de la vision. Il soumet Abraham à un second exercice, volontairement radical, destiné à déplacer son centre de gravité intérieur.

« Regarde vers le ciel, et compte les étoiles, si tu peux les compter… Telle sera ta descendance » Genèse 15:5

Par cet ordre, Dieu ne demande pas à Abraham de comprendre, mais de contempler. Il remplace les limites visibles de la condition humaine par une image illimitée, impossible à saisir par le raisonnement. L'objectif n'est pas d'informer Abraham, mais de reprogrammer son imaginaire : lui faire habiter mentalement une réalité plus grande que ce que ses sens peuvent confirmer.

Dieu ancre ainsi l'impossible dans l'esprit d'Abraham avant de l'inscrire dans le temps. La promesse cesse d'être une parole extérieure pour devenir une image intérieure. Et c'est précisément à cet endroit que naît la foi :

non comme une émotion passagère ou un optimisme fragile, mais comme une certitude intérieure stable, nourrie par une vision acceptée et assumée.

La provision matérielle — la terre, l'enfant, la postérité — se manifeste plus tard. Mais elle est déjà scellée dans la vision. Ce que tu vois avec foi devient ce que tu peux porter avec responsabilité.

Cette loi demeure inchangée. Ta carrière, ton entreprise, ton patrimoine futur y obéissent aussi. Tu dois apprendre à voir la version accomplie de ta vie avant que les ressources, les rencontres et les opportunités ne se manifestent.

2.3. Ta vision : la boussole à triple fonction

Si la vision est la condition de la provision, elle est aussi l'outil stratégique qui structure ton quotidien. Une vie sans vision ressemble à un navire sans cap : beaucoup de mouvements, peu de progrès. On s'agite, on travaille, on s'épuise — mais on dérive.

L'Écriture est sans détour :

« Là où il n'y a pas de vision, le peuple est sans frein » Proverbes 29:18

Sans vision, l'énergie se disperse, les priorités se brouillent et la croissance s'étiole. La vision est ton antidote à la dérive. Elle agit comme une boussole à triple rôle : direction, filtre et carburant.

Direction

Sans vision, tu réagis aux circonstances. Avec vision, tu choisis. La vision te libère de la tyrannie de l'urgence et de l'agitation stérile. Elle devient le cap intérieur qui oriente tes décisions quotidiennes. Chaque action est alors évaluée à l'aune d'une question essentielle : Est-ce que ce que je fais aujourd'hui me rapproche de ce que je suis appelé à devenir ? La vision transforme l'activité désordonnée en progression intentionnelle. Elle devient ton ancre.

Filtre

Une vision claire simplifie la vie. Elle agit comme un filtre spirituel et stratégique. Elle te permet de dire oui sans hésitation à ce qui est aligné — et non sans culpabilité à ce qui te détourne, même si cela semble attractif. La vision protège ton temps, ton énergie et ton focus. Elle te rappelle ce qui a réellement de la valeur pour ton futur. Ce que tu refuses compte autant que ce que tu poursuis.

Carburant

Quand la fatigue s'installe, quand les obstacles se répètent, quand les résultats tardent, ta vision devient ton carburant émotionnel et spirituel. Elle donne un sens aux sacrifices et une cohérence à la discipline. La vision transforme la discipline en passion et le labeur en mission. Elle te fait te lever quand tout te suggère d'abandonner. Avec une vision claire, les obstacles ne sont plus des murs, mais des marches.

Tu as maintenant posé les fondations. La vision n'est ni un luxe ni un slogan : elle est le pont entre le ciel et la terre, entre l'intention et l'action, entre la foi et la matière. Il est temps de la formuler avec précision pour qu'elle devienne une feuille de route claire, incarnée et réalisable.

C'est exactement le rôle de la Boussole DAP, que nous allons maintenant activer.

2.4. La méthodologie de la vision : La boussole DAP

Ce chapitre te présente le cœur méthodologique de ce livre : une boussole stratégique qui équilibre la passion, le service et le talent pour te guider dans le ou les canaux socio-économiques que tu auras choisis.

Dimension	Question clé	Indice intérieur
Désir	Qu'est-ce qui me met profondément en mouvement ?	Énergie, joie
Amour	En quoi cela bénit-il les autres ?	Sens, paix
Potentiel	Qu'est-ce que je porte déjà pour commencer ?	Confiance

Lorsque ton désir est purifié par l'amour, lorsque ton amour se traduit en service, et lorsque ton potentiel se met au travail, alors ta vision devient féconde, stable et irrésistible.

Dieu bénit ce qui est désiré avec pureté, servi avec amour et accompli avec fidélité. Le DAP. vient restaurer l'harmonie en t'aidant à relier ce que tu veux faire (Désir), ce que tu dois faire (loi de l'Amour) et ce que tu peux faire (potentiel).

2.4.1. Le désir : le feu sacré

Ton désir est cette étoile intérieure qui continue de briller même lorsque ton ciel s'assombrit. Il est la première étincelle de toute vision vivante, ce souffle discret mais persistant qui te pousse à avancer, à rêver et à créer, même quand les circonstances semblent contraires. Sans désir, il n'y a pas de mouvement durable ; sans feu intérieur, la vision reste théorique.

Mais le désir dont il est question ici n'est ni un caprice ni une envie passagère. Il ne s'agit pas d'une impulsion émotionnelle dictée par la mode ou la comparaison. Le désir authentique est une passion profonde, stable, qui traverse les saisons de ta vie. C'est ce qui te fait vibrer depuis longtemps, ce qui revient sans cesse à ta conscience, même lorsque tu essaies de l'ignorer. Il est souvent la trace d'un appel.

L'Écriture éclaire cette réalité avec une grande finesse : *« Fais de l'Éternel tes délices, et il te donnera ce que ton cœur désire » Psaume 37:4.* Ce verset ne promet pas la satisfaction de tous les désirs, mais la sanctification de ceux qui sont authentiques. Dieu ne méprise pas tes aspirations profondes. Lorsqu'un désir est vécu en communion avec Lui, Il est purifié, orienté et transformé. Ce qui aurait pu rester une ambition personnelle devient alors une mission porteuse de sens, de service et de bénédiction.

Ainsi, tes projets professionnels, entrepreneuriaux ou financiers cessent d'être de simples objectifs humains. Ils deviennent des canaux à travers lesquels Dieu peut faire passer la vie, la prospérité et l'impact. Quand tu bâtis à partir d'un désir consacré, tu t'engages avec tout ton être. Tu donnes le meilleur de toi-même — à tes clients, à tes partenaires, à la société — et cette qualité intérieure finit toujours par porter du fruit. Dieu ne s'oppose pas à ton désir ; Il veut l'élever pour qu'il devienne source de vie, pour toi et pour les autres.

Cette vérité, je l'ai observée de près pendant plusieurs années, en accompagnant des étudiants africains dans leur orientation professionnelle à l'Université Jésuite d'Abidjan. Lorsque je leur demandais quels métiers ou quelles activités les faisaient réellement vibrer, beaucoup répondaient avec une résignation douloureuse : *« Ici, on prend le travail qu'on trouve, pas celui qu'on aime. »*

Derrière cette phrase se cachaient le poids du chômage, la pression familiale et surtout la peur de rêver. Beaucoup avaient fini par croire que le rêve était un luxe réservé à d'autres. Ils pensaient qu'il fallait accepter n'importe quoi, quitte à s'éloigner totalement de ce qui les animait profondément. Je les comprenais. Dans certains contextes, l'urgence économique peut écraser l'espérance. Mais je leur disais souvent ceci : « *Si tu renonces à ton désir profond, tu risques de passer la moitié de ta vie éveillée à faire un travail qui n'a rien à voir avec ton feu intérieur. Et rien n'est plus épuisant que d'étouffer chaque jour ce que tu portes au fond de toi.* »

Le travail occupe une part immense de notre vie. Lorsque Dieu dit à Adam : « *Tu gagneras ton pain à la sueur de ton front* », Il ne prononce pas une malédiction, mais une loi d'effort fécond. Or, si cet effort est investi dans une activité qui ne correspond pas à ton feu intérieur, il devient souffrance. Mais lorsqu'il est engagé dans une œuvre alignée avec ton désir profond, il devient source de joie, de croissance et de bénédiction.

Rêver ne signifie pas nier la réalité. Rêver, c'est refuser de s'y enfermer. C'est croire que Dieu a placé en toi un potentiel et un désir précis pour une raison. Bien sûr, tout ne se réalise pas instantanément. Mais lorsque tu identifies ce que tu aimes profondément, que tu engages ta foi, ta discipline et ta persévérance dans cette direction, tu finis toujours par t'en approcher.

J'ai vu de nombreux anciens étudiants transformer leur trajectoire. Certains ont osé se réorienter, d'autres ont quitté des chemins tracés pour suivre leur véritable passion. Des années plus tard, je continue de les voir évoluer : entrepreneurs, fonctionnaires internationaux, enseignants, leaders, bâtisseurs. Tous ont un point commun : ils exercent des activités qui les inspirent, qui les font grandir et qui apportent de la valeur aux autres. Ils ne sont pas exempts de difficultés, mais ils ont cessé de trahir leur feu intérieur.

La leçon est simple et puissante : le rêve est permis, même — et surtout — dans les contextes difficiles. Un travail que tu n'aimes pas t'épuise plus vite. Un travail aligné avec ton désir te rend plus vivant, plus créatif et plus fécond. Ton désir authentique est une semence divine. Ne la laisse pas s'éteindre sous la peur ou la résignation. Arrose-la de foi, de courage et d'amour : elle portera du fruit.

C'est pourquoi je t'invite à formuler ta vision et tes objectifs non à partir de ce que tu subis aujourd'hui, mais à partir de ce que tu veux bâtir demain. Refuse de laisser tes circonstances actuelles définir l'étendue de ton horizon. Les limites présentes indiquent un point de départ, jamais une destination.

Le vrai danger n'est pas le manque, mais la focalisation sur le manque. À force de regarder les obstacles et les échecs passés, l'imagination se contracte et la foi s'affaiblit. Or, ce n'est pas la difficulté qui tue le rêve, mais l'abandon intérieur du droit de rêver.

Autorise-toi donc à penser grand — non par orgueil, mais par fidélité à ce qui est vivant en toi. Une vision qui n'exige ni foi ni croissance est trop petite. Ce que tu consens à voir avec courage aujourd'hui prépare les chemins que tu emprunteras demain.

Identifier ton désir authentique : reconnaître les traces du feu intérieur

Identifier ton vrai désir, ce n'est pas inventer quelque chose de nouveau ; c'est apprendre à lire les traces laissées par un feu déjà présent dans ta vie. Ce feu intérieur n'est pas une émotion passagère. Il est une énergie stable, discrète mais persistante, qui t'oriente silencieusement depuis longtemps.

Pour commencer ce discernement, pose-toi ces questions simples, mais exigeantes :

- Qu'est-ce qui allume ton cœur même quand personne ne regarde ?
- Qu'est-ce qui te fait persévérer sans attente immédiate de récompense ?
- Qu'est-ce qui, lorsque tu le fais, apporte vie, paix et sens — à toi comme aux autres ?

Là où ton feu brûle sans consumer ta paix, tu es probablement sur la route de ton appel.

Ce feu est unique. Il porte la signature de ton identité profonde. Il ne se manifeste pas toujours de manière spectaculaire ou évidente. Bien souvent, il se cache dans ce qui te semble naturel, presque banal : tes élans spontanés, tes intérêts récurrents, ce que tu fais sans qu'on te le demande, ce vers quoi tu reviens inlassablement. Dieu parle rarement par le bruit ; Il se révèle souvent par la constance.

Ce qui te met en mouvement avec joie : le feu qui nourrit (le test de la joie)

Le premier signe du désir authentique se révèle dans ce que tu fais avec joie, sans contrainte ni calcul. Ce sont ces activités qui te nourrissent au lieu de t'épuiser, celles que tu continuerais même si personne ne les applaudissait. Elles indiquent une zone de fluidité intérieure, là où ton énergie circule naturellement.

Pour certains, ce feu se manifeste dans la création de solutions, la résolution de problèmes ou l'innovation technologique. Ils prennent plaisir à coder, structurer, automatiser, améliorer. Leur désir peut s'incarner dans des outils numériques, des plateformes FinTech, des solutions SaaS ou des innovations au service de l'efficacité et du bien commun.

Pour d'autres, le feu s'exprime dans l'hospitalité et le service : recevoir, organiser, soigner l'expérience, viser l'excellence relationnelle. Leur désir n'est pas seulement de produire ou de vendre, mais de créer du lien, de la convivialité, du soin. Ce feu peut donner naissance à des projets dans la restauration, l'événementiel ou l'art de vivre.

Chez certains encore, le regard est attiré par la ville, les quartiers, les bâtiments. Ils voient le potentiel là où d'autres voient la ruine. Leur désir est de bâtir, restaurer, structurer, loger. Leur feu peut s'incarner dans l'immobilier, l'urbanisme ou l'habitat durable et social.

D'autres enfin portent un feu de guérison et d'empathie : soulager la souffrance, rétablir l'équilibre, accompagner la transformation intérieure ou physique. Leur désir se manifeste dans la santé, le bien-être, l'accompagnement ou la prévention.

Ce que tu fais avec joie, sans contrainte, est rarement un hasard. C'est souvent une semence déposée en toi.

Ce qui te touche, t'indigne et te traverse dans le temps : le feu de la mission

Le désir ne se révèle pas seulement par ce que tu aimes faire, mais aussi par ce que tu ne supportes plus de voir. L'indignation juste est souvent un appel déguisé. Ce qui te blesse profondément dans le monde peut indiquer ce que tu es appelé à transformer.

Moïse n'a pas reçu son appel dans un moment mystique, mais lorsqu'il a vu l'injustice infligée à un esclave. Néhémie n'a pas entendu une voix céleste ;

son cœur s'est brisé en apprenant que les murs de Jérusalem étaient détruits. Ce qui brise ton cœur révèle souvent ce qui peut être réparé à travers toi.

Peut-être es-tu révolté par les inégalités d'accès, le plafond de verre ou l'exclusion économique. Ton indignation peut t'appeler à l'autonomisation, au leadership et à la justice structurelle. Peut-être es-tu heurté par l'exploitation des petits producteurs, les chaînes de valeur injustes, le gaspillage ou la destruction de l'environnement. Ton feu peut alors te conduire vers des solutions équitables, durables et innovantes.

Un autre indicateur fondamental est l'énergie**.** Le vrai désir ne te vide pas : il te remplit. Même lorsque le travail est exigeant, tu en ressors plus vivant, plus lucide, plus fort. Demande-toi : après quelle activité te sens-tu plus vivant qu'avant ? Où ressens-tu une paix profonde, comme une évidence intérieure ? Quelles tâches te font perdre la notion du temps ?

Ce qui t'énergise sans te consumer indique souvent une zone de grâce**,** là où ton désir et ton appel se rejoignent.

Enfin, observe la constance. Le désir authentique n'est pas une mode. C'est un fil rouge. À travers les saisons de ta vie, il revient, parfois sous d'autres formes. Ce que tu faisais enfant pour le plaisir peut devenir adulte une mission vécue par conviction. Dieu n'éteint pas ce qu'Il a allumé ; Il attend que tu apprennes à l'orienter consciemment.

Le droit au réalignement

Vient alors une étape cruciale : définir ou redéfinir ta mission. Ton parcours n'est jamais figé, mais un chemin vivant qui se précise à mesure que tu avances. Que tu sois au point de départ ou déjà engagé sur une route, tu as le droit — et parfois même le devoir — de te réaligner lorsque ce que tu fais n'exprime plus pleinement ce que tu es devenu.

Si tu es au point de départ (définir)

Si tu n'as pas encore d'activité professionnelle ou économique stable, c'est ta plus grande liberté. Commence par concentrer ton énergie sur ce qui te passionne véritablement — ces activités qui éveillent ton enthousiasme, nourrissent ton imagination et te donnent le sentiment d'être pleinement vivant. Avance, expérimente — non dans la dispersion, mais dans l'écoute attentive de ce qui te met en mouvement intérieurement. Fais consciemment de la place à ton feu sacré. Autorise-toi à l'observer, à l'honorer, à le laisser s'exprimer sans le censurer au nom de la prudence ou de la peur de l'erreur. Ce feu a besoin d'être reconnu. Car c'est dans cet espace de liberté assumée, nourrie par la foi, que naît la vision la plus pure — celle qui ne cherche pas à imiter, mais à révéler ce que tu es appelé à devenir.

Si tu es sur la route (redéfinir et réaligner)

Si tu es déjà engagé dans une activité professionnelle ou économique mais que tu ressens une fatigue intérieure, une forme de disharmonie ou de désintérêt, sache que le rêve reste toujours permis. Ce déséquilibre est un signal que ton cœur et ton travail ne sont plus alignés.

Deux options stratégiques, toutes deux valables :

Un nouveau canal d'abondance (la transition stratégique)

Tu as la liberté de te réorienter, voire de changer complètement de voie pour t'aligner sur ce qui te passionne le plus. Cependant, dans une approche de sagesse économique, le changement radical n'est pas toujours nécessaire immédiatement.

- **Levier de la formation :** La réorientation ou la création d'une nouvelle activité exige souvent de nouvelles compétences. Tu peux stratégiquement suivre des formations additionnelles pour te préparer à une nouvelle carrière ou pour acquérir l'expertise nécessaire au lancement de ton activité parallèle (entrepreneuriat ou investissement). La formation devient un investissement dans ton potentiel futur.

- **Le concept de l'activité parallèle :** Ton activité stable peut devenir le mécène de ton rêve. Utilise-le pour financer et sécuriser le lancement d'une activité parallèle (entrepreneuriat ou investissement) qui correspond vraiment à ton feu intérieur.
- **La stratégie de l'évaluation :** Fais grandir cette activité discrètement, teste sa viabilité et sa capacité à générer de l'abondance. Quand ce nouveau canal devient suffisamment fort, stable et épanouissant, il peut alors supplanter ton activité initiale. C'est une transition bâtie sur la sécurité, non sur la précipitation.

Réaligner la mission sans la quitter (le repositionnement intérieur)

Parfois, il ne s'agit pas de tout quitter. La frustration ne vient pas du quoi (l'activité), mais du pourquoi (la mission). Il suffit alors de regarder la même activité sous un autre angle : redéfinir ta mission à partir de ton feu intérieur.

- **Changer l'intention** : Si tu es comptable, ton travail n'est plus seulement de «faire des bilans», mais d'apporter de la clarté stratégique et de la transparence éthique à l'entreprise.
- **Changer l'impact** : Si tu es ingénieur, ton travail n'est pas seulement de «gérer un projet», mais de veiller à ce que l'infrastructure serve et bénisse la communauté.

Le réalignement consiste à injecter ton désir profond (le D du D.A.P.) et ton amour (le A) dans la structure de ton travail actuel, ce qui le transforme de l'intérieur. Tu retrouves sens, équilibre et fécondité, sans subir le stress d'un changement total immédiat.

Exemples :

- **Sarah, ingénieure**, réalise que ce qui la passionne vraiment, ce n'est pas uniquement l'excellence des calculs, mais la façon dont les projets qu'elle gère aident les gens à vivre mieux. Elle comprend que son désir, c'est l'impact humain à travers la technique. Elle réoriente son poste vers la gestion de projets sociaux au sein de son entreprise.
- **David, pasteur**, découvre qu'il prend plus de joie à former et à inspirer les jeunes leaders qu'à prêcher chaque semaine. Son vrai désir, ce n'est pas la scène, mais la transmission et l›élévation des autres. Il déploie alors un programme de mentorat intense pour les futurs ministères, devenant un formateur plutôt qu'un prédicateur à plein temps.

Dans les deux cas, Sarah et David n'ont pas rejeté leurs parcours : ils ont simplement reformulé leurs missions à la lumière de leurs DAP En écoutant leurs feux intérieurs, ils ont retrouvé sens, équilibre et fécondité.

Ainsi, la première étape pour formuler ta vision DAP est d'écouter ce feu intérieur, non pour le contenir, mais pour le consacrer. C'est ce feu, orienté par la foi, qui te donnera l'élan nécessaire pour écrire ta vision et la vivre.

2.4.2. L'Amour : la condition de l'abondance et le principe de la contribution

Si le désir est le feu qui t'anime, l'Amour en est la température spirituelle — le filtre divin qui purifie cette flamme. Sans l'Amour, même le désir le plus noble finit par se dégrader : il devient ambition vide, quête de reconnaissance, ou simple vanité.

L'Amour n'est pas une émotion : c'est une loi spirituelle. Parce que « *Dieu est Amour* » *1 Jean 4:8*, Il ne peut approuver ni soutenir une vision qui ne reflète pas Sa nature. L'abondance que Dieu accorde n'est jamais une récompense automatique ; c'est la provision nécessaire pour accomplir une œuvre ancrée dans Sa volonté et Sa bonté.

Souviens-toi : lorsque la Parole déclare « *Fais de l'Éternel tes délices, et Il te donnera ce que ton cœur désire* » *Psaume 37:4*, la première partie est une condition. *Faire de l'Éternel ses délices*, c'est aligner son projet sur ce qui réjouit le cœur de Dieu. C'est inscrire sa vision personnelle dans Sa stratégie d'amour, de justice et de transformation pour le monde.

Ainsi, dans le DAP, l'Amour devient la condition de validité de ton désir. Il n'autorise que les projets capables d'apporter lumière, élévation, justice ou guérison. L'Amour est le critère par lequel ta vision reçoit le sceau divin.

L'Amour : le principe vivant de la contribution

L'Amour est ce qui empêche ton désir de se refermer sur l'égo. Il transforme ce qui aurait pu n'être qu'une ambition personnelle en une mission de service. C'est lui qui élève ta vision :

- de l'ambition à la mission,
- du succès personnel à la bénédiction collective,
- de la recherche de résultats à l'impact durable.

L'Amour est la loi supérieure du Royaume. Il convertit toute réussite en contribution. Et parce que ton projet vise à bénir, tu deviens, en retour, quelqu'un qui sera abondamment béni.

L'abondance suit toujours le même chemin : Dieu donne davantage à celui qui a prouvé qu'il sait redistribuer.

L'Amour comme balance du cœur

L'Amour te ramène toujours à cette question essentielle **:** Pourquoi fais-tu ce que tu fais ?

Il est la balance spirituelle qui t'empêche de bâtir pour prouver, pour impressionner ou pour compenser un vide. Il te libère de la servitude de la reconnaissance humaine. L'Amour t'apprend à bâtir :

- non pour paraître,
- mais pour servir ;
- non pour t'élever toi-même,
- mais pour élever d'autres.

Lorsque ton travail découle de ton amour pour Dieu, il devient une forme de louange. Lorsque tes décisions sont guidées par l'amour des autres, ton succès devient une bénédiction.

L'Amour comme principe d'impact et d'héritage

Une vision est véritablement alignée sur l'Amour lorsqu'elle contient deux éléments :

1. **L'impact :** elle améliore réellement la vie des autres.
2. **La transmission :** elle laisse un héritage, une trace qui continue de bénir même en ton absence.

L'Amour bâtit des ponts, pas des murs. Il crée des solutions qui ne bénéficient pas seulement à toi, mais à tout l'écosystème qui t'entoure : employés, clients, partenaires, familles, communauté.

C'est la différence entre :

- la charité, qui soulage le moment,
- et l'Amour, qui cherche la justice structurelle et durable.

Comment intégrer concrètement l'Amour dans ta vision

L'Amour est le test ultime de la validité de ton projet. Une vision est véritablement alignée sur l'Amour quand elle intègre la notion d'impact et de transmission.

Pose-toi les questions de l'Amour :

- **L'impact** : Comment la vie de mon prochain sera-t-elle changée positivement par mon travail et/ou par mon projet ?
- **La qualité** : Mon produit ou mon service est-il conçu avec une excellence qui honore Dieu et respecte le client ?
- **La générosité** : Quelle part de ma réussite ou de ma prospérité j'alloue pour bénir concrètement une cause, l'œuvre de Dieu, un voisin ?

Applique l'Amour à ta vocation *:*

- **Si tu es entrepreneur ou investisseur** : Conçois ton projet comme une solution à un besoin humain réel. Mets l'amour au cœur de ta stratégie en valorisant tes employés comme des collaborateurs, et en cherchant le profit avec sens ; pas à son détriment.
- **Si tu es éducateur, coach ou formateur** : L'amour s'exprime dans la patience et dans l'intention. Ta mission n'est pas de montrer ce

que tu sais, mais d'éveiller ce que les autres ignorent encore d'eux-mêmes. L'amour t'apprend à voir en chaque élève un potentiel à révéler.

- **Si tu es leader ou manager** : Intègre l'amour dans ton leadership en célébrant la croissance des autres sans crainte qu'ils te dépassent. L'amour se mesure à ta capacité de faire grandir sans dominer, de corriger sans humilier.

Un exemple de projet intégrant la loi de l'Amour :

Quand l'Amour devient un levier de prospérité

Un entrepreneur du secteur du transport développe une entreprise de logistique entre plusieurs villes et pays de la région. Son objectif est clair : faire croître sa flotte, sécuriser des contrats majeurs et bâtir une entreprise rentable, capable d'assurer la stabilité financière de sa famille et de ses employés. Le profit est pleinement assumé.

Mais dès le départ, il fait un choix structurant : refuser une réussite fondée sur l'accumulation sans âme. Il décide d'inscrire son entreprise dans une loi supérieure : honorer Dieu et bénir les autres par l'Amour. Concrètement, il consacre 10 % de ses bénéfices à des œuvres sociales et à sa communauté de foi : soutien à un orphelinat, appui à une clinique communautaire, bourses scolaires pour des enfants défavorisés, aide aux familles en détresse.

Sa générosité dépasse l'argent. Une fois par mois, deux camions transportent gratuitement des denrées vers des zones reculées. Il rémunère ses chauffeurs équitablement, investit dans leur formation et veille à leur sécurité. Dans son entreprise, l'argent est un outil ; l'Amour est la direction.

Les résultats suivent naturellement. Les clients le recommandent pour son intégrité, les partenaires le privilégient pour sa fiabilité, les employés restent fidèles, et les autorités locales facilitent ses opérations. Son entreprise gagne une réputation solide, un réseau fort et une crédibilité durable.

Il découvre alors une loi simple et puissante : ce qui circule avec un cœur pur se multiplie. Son entreprise est bénie parce qu'elle bénit. Il ne transporte pas seulement des marchandises — il fait circuler l'Amour.

2.4.3. Le potentiel : le capital en toi

La vision authentique naît d'un souffle en trois temps. Elle commence par le murmure du **Désir**, cette flamme intérieure qui s'allume et chuchote : *« Voici ce que tu veux profondément »*. C'est l'horizon désirable, le rêve qui attire. Puis s'élève la voix plus ferme de l'**Amour**, qui pose un cadre et un sens : *« Voici ce que tu dois faire pour servir, construire et honorer la vie »*. C'est l'impératif éthique, la colonne vertébrale de la vision. Enfin vient la troisième dimension, souvent négligée mais décisive : le **Potentiel**, ce souffle discret qui affirme : *« Voici ce que tu peux réellement faire. »*

Une vision ne devient féconde que lorsqu'elle intègre ces trois dimensions. Sans le potentiel, le rêve reste un ange sans ailes : il inspire, mais ne se pose jamais sur la terre. Avec le potentiel, la vision acquiert un corps. Le potentiel est cette force tranquille qui transforme le *« je voudrais »* et le *« je devrais »* en un *« je peux »* crédible, incarné, mobilisable.

Le potentiel ne se devine pas, il s'analyse. Il ne tombe pas du ciel, il se découvre. Il est la somme vivante de tout ce que tu es capable de mobiliser aujourd'hui — et d'élargir demain — pour donner forme à ta vision. Il repose sur quatre piliers fondamentaux **:** tes talents naturels, tes compétences acquises, tes expériences de vie et tes ressources**.** Ensemble, ils constituent ton capital intérieur.

Les talents naturels : le capital inné

Les talents naturels sont les ressources les plus anciennes en toi. Ils ne s'apprennent pas : ils sont déjà là. Ce sont des fonctions intérieures préinstallées, des dispositions spontanées qui te permettent d'agir avec fluidité et justesse. Là où d'autres forcent, tu écoules. Là où d'autres s'épuisent, tu t'animes. Un talent naturel se reconnaît à la convergence de trois signes, formant ce que l'on peut appeler un flux d'excellence.

D'abord, la **facilité apparente**. Tu réalises certaines tâches sans effort conscient, au point que les autres s'en étonnent. On te demande souvent : *« Comment as-tu fait ? »* ou *« Peux-tu m'expliquer ta méthode ? »* Ce qui te paraît banal est souvent exceptionnel pour autrui.

Ensuite, le **plaisir immédiat**, indépendamment de toute récompense extérieure. Tu perds la notion du temps, tu recommences volontiers, même sans salaire, note ou reconnaissance. Ce plaisir est un signal biologique et psychologique puissant : il indique que tu utilises une fonction pour laquelle tu es naturellement câblé.

Enfin, la **différence marquante**. Ce que tu produis — ou la manière dont tu le produis — porte ton empreinte. Sans chercher à être original, tu l'es naturellement. Les autres disent : *« Ça, c'est typiquement toi »*.

Lorsque facilité, plaisir et différence se superposent, tu es face à un talent naturel. Il ne demande qu'à être reconnu, testé dans le réel, puis mis au service d'un impact qui te nourrit au lieu de te consumer. C'est ainsi que le « don » devient un flux d'excellence durable.

Les compétences : le capital construit

Si les talents sont les graines, les compétences sont les muscles. Elles ne sont pas innées : elles se construisent par la formation, l'expérience, la répétition et la discipline. Elles donnent à ton potentiel sa précision et sa fiabilité.

La formation constitue le socle théorique. Elle structure la pensée, offre des repères et prépare le terrain. Qu'elle soit académique, professionnelle ou autodidacte, elle est une première mise en forme de ton potentiel. Moïse, formé à la cour de Pharaon, utilisera plus tard cette éducation pour conduire un peuple et dialoguer avec les puissants.

L'**expérience professionnelle** est l'épreuve du réel. Elle confronte la théorie à l'imprévu, forge le discernement et développe le savoir-être. C'est dans l'action que l'on apprend à décider sous pression, à gérer l'humain, à s'adapter. David n'est pas devenu roi par décret : il a appris le courage et la stratégie dans le service caché, en gardant des brebis.

La maîtrise technique apporte la précision. Elle permet d'exécuter avec justesse, d'optimiser les outils et de produire une qualité invisible mais décisive. L'expertise rend l'action fluide et crédible.

Enfin, **la discipline** transforme l'effort en excellence. Elle prend le relais lorsque la motivation fluctue. C'est la constance dans l'entraînement qui distingue l'amateur du professionnel, l'inspiration passagère de l'œuvre durable.

Les compétences déjà acquises orientent ta vision, mais ne doivent jamais la limiter. Ton potentiel est évolutif. Tu peux apprendre, affûter, élargir. Chaque compétence développée est un acte d'hommage rendu à ton potentiel et de respect envers ceux que tu sers.

Les expériences de vie : la mémoire vivante

Tes expériences de vie constituent une bibliothèque intérieure. Elles ne s'enseignent pas dans les manuels : elles s'inscrivent dans ton corps, ton esprit et ton cœur. Chaque défi surmonté, chaque responsabilité assumée, chaque blessure traversée ajoute une page à cette mémoire vivante.

Les **épreuves** forgent la résilience. Le licenciement, l'échec, la perte ou la crise développent une force intérieure que rien d'artificiel ne peut produire. Les responsabilités mûrissent l'âme : porter une famille, une équipe ou une communauté élargit la capacité à tenir debout sous pression.

Les cicatrices, loin d'être des faiblesses, deviennent des sources de sagesse. Celui qui est tombé et relevé possède une lucidité que l'innocence ignore. Certaines blessures deviennent même des missions lorsque la douleur est transformée en engagement.

L'environnement agit aussi comme un sculpteur silencieux. Le contexte familial, social, culturel ou géopolitique façonne les valeurs, la créativité et la vision du monde. Une défenseure des droits humains rencontrée au Myanmar, marquée par l'exil et la perte, a transformé son histoire en combat pour les réfugiés. Ses cicatrices sont devenues sa force morale.

Tes expériences ne te définissent pas par ce que tu as subi, mais par ce que tu en as fait. Elles nourrissent ton potentiel et t'invitent à transformer ton histoire en héritage.

Les ressources : l'or mobilisable

Enfin, viennent les ressources — l'énergie disponible pour passer à l'action. Elles sont de deux ordres : humaines et matérielles.

Le capital humain est ton réseau : mentors, partenaires, collaborateurs, amis, communautés. Un réseau solide multiplie les capacités, ouvre des portes et accélère les apprentissages. Beaucoup de projets réussissent non par excès de moyens, mais par qualité relationnelle.

Le capital matériel regroupe les finances, les outils, les infrastructures et les opportunités concrètes. Même modestes, ces ressources peuvent devenir puissantes lorsqu'elles sont bien gérées et alignées.

Ton environnement lui-même peut devenir ressource : institutions, plateformes numériques, savoirs locaux, richesses culturelles. Une agricultrice africaine peut bâtir une exploitation durable en combinant savoir ancestral et techniques modernes.

En résumé : Tes ressources sont ton or mobilisable. Elles ne sont pas seulement ce que tu possèdes, mais ce que tu peux activer et transformer pour avancer. En combinant ton capital humain et ton capital matériel, tu crées un levier puissant qui donne corps à ta vision et te permet de franchir les étapes vers tes objectifs.

Le Potentiel : Ce qui est en toi pour que tu le fasses fructifier

Le potentiel n'est jamais un hasard. C'est un dépôt sacré, un capital intérieur en chaque être humain avec l'attente qu'il soit développé, cultivé et multiplié. La parabole des talents nous le rappelle avec force : chacun reçoit quelque chose — un talent, deux, cinq — et Dieu n'attend pas que tu te compares aux autres, mais plutôt que tu fasses fructifier ce que **toi** tu as reçu.

Celui qui a enterré son talent n'a pas été condamné pour avoir peu reçu, mais pour ne pas avoir mobilisé son potentiel.

Ton potentiel, c'est exactement cela : ce que Dieu t'a confié pour que tu le développes, l'affines et l'emploies au service du Royaume, du monde et de ta propre destinée.

Il ne se révèle pas en un claquement de doigts, mais dans le processus, dans les saisons cachées, dans les formations silencieuses, dans les disciplines répétées et dans les petites responsabilités que tu assumes aujourd'hui.

David n'a pas été couronné roi le jour où il a été choisi : il a appris le courage, la stratégie et le leadership en gardant des brebis, loin des regards, dans un service humble et discret. C'est là, dans la solitude du pâturage, qu'il a forgé l'habileté qui lui a permis d'affronter Goliath. Ce n'était pas un miracle soudain : c'était la révélation d'un potentiel travaillé dans le secret.

Moïse n'a pas non plus reçu la vision en étant inexpérimenté. Son éducation à la cour de Pharaon — compétences linguistiques, diplomatiques, administratives — est devenue l'outil providentiel qui lui a permis de conduire un peuple entier, de plaider devant les rois et d'interpréter la volonté de Dieu pour toute une nation. Ce qu'il croyait être une partie oubliée de son passé était en réalité un investissement divin, destiné à soutenir sa mission future.

Ainsi en est-il de toi : rien dans ta vie n'est inutile. Ton potentiel est fait de dons naturels, de compétences forgées, de cicatrices converties en sagesse et de ressources que tu peux mobiliser — souvent même avant de t'en rendre compte.

C'est en réunissant ces quatre dimensions que tu découvres ce que tu peux vraiment faire, non pas dans l'imaginaire, mais dans le concret.

Et c'est ici que ton DAP devient complet :

- **Ton désir** t'indique ce que ton cœur veut bâtir.
- **L'Amour** t'indique ce que tu dois offrir au monde.
- **Le potentiel** t'indique les ressources que tu as déjà reçues pour commencer.

La vision n'est pas une projection rêveuse : elle est la rencontre entre ton feu intérieur, ton sens du devoir et ton capital personnel — exactement comme un artisan qui se met à l'œuvre avec les outils déjà présents dans ses mains.

Mais la puissance du DAP ne réside pas dans la somme de ces éléments — elle se manifeste dans leur intégration. C'est lorsque ces trois forces entrent en synergie que naît ce que j'appelle la vision consacrée : une vision claire, féconde et durable, capable d'attirer la faveur divine et la multiplication.

2.4.4. Exercice Pratique : Clarifie ta vision avec le DAP (Désir – Potentiel – Amour)

Cet exercice te permet de définir ta vision.

Étape 1 : Projection – visualise ta vie idéale

Projette-toi consciemment dans le futur et **visualise ta vie idéale**.

Prends le temps de te poser cette question, puis écris librement, sans te censurer : **Quelles activités professionnelles et/ou économiques te vois-tu exercer avec joie, passion et enthousiasme — au point de ne plus compter les heures — des activités qui occupent naturellement la majorité de ton temps et dans lesquelles tu te vois également prospère ?**

Note tout ce qui apparaît, même s'il y a plusieurs directions ou plusieurs domaines socio-économiques. À ce stade, il ne s'agit pas de choisir, mais d'observer.

Par exemple :

- métiers ou vocations,
- projets entrepreneuriaux,
- idées d'entreprises,

- types d'investissements.

Laisse la vision se déployer librement.

Étape 2 : Impact – relie ta vision à l'Amour

Relis ce que tu viens d'écrire, puis pose-toi cette question essentielle : **En réalisant ces activités socio-économiques, comment est-ce que j'impacte positivement l'humanité et comment Dieu peut-il être glorifié à travers ce que je fais ?**

Écris tes réponses simplement, avec sincérité :

- Qui est aidé, soutenu ou transformé par ce que je crée ?
- En quoi cela rend-il la vie des autres plus juste, plus digne ou plus humaine ?
- Quelle valeur humaine, sociale ou spirituelle est transmise ?
- Comment mes revenus peuvent-ils devenir un canal pour bénir les autres et glorifier Dieu ?

Une vision qui bénit les autres et honore Dieu s'enracine plus profondément et traverse les saisons.

Étape 3 : Le Potentiel – ancrer la vision dans le réel

Pose-toi maintenant cette question:
Ai-je le potentiel nécessaire pour réaliser ce que je viens de visualiser ?

Pour y répondre, observe sans te juger :

- ce que tu sais déjà faire,
- ce que tu as déjà vécu et appris,

- ce dont tu disposes aujourd'hui : temps, compétences, relations, moyens matériels.

Si la réponse est "pas encore complètement", ne te décourage pas. Ce que tu identifies ici correspond à tes capacités actuelles mais non à ton potentiel réel qui est bien plus vaste que tu ne l'imagines. Le potentiel n'est jamais figé : il se développe, s'élargit et se renforce avec le temps.

Ton véritable trésor réside aussi dans ta volonté d'apprendre, de progresser et de te discipliner. Même si certaines ressources financières ou matérielles te manquent aujourd'hui, tu peux compter sur ta détermination, sur une stratégie claire pour bâtir ton capital, et sur ta foi en Dieu — ce Dieu qui déclare :

« L'argent est à moi, et l'or est à moi » Aggée 2:8.

Si ton réseau n'est pas encore établi, commence par bâtir ton capital de crédibilité : la constance, l'intégrité et la qualité de ton engagement ouvrent souvent des portes avant même les relations. Fais confiance aux connexions que la grâce de Dieu suscitera au moment opportun.

Rappelle-toi enfin ceci : ton potentiel n'est pas une limite, mais un terrain fertile.

Tout ce qui manque peut être construit.

Tout ce qui dort peut être réveillé.

Tout ce qui est faible peut être fortifié.

Étape 4 : Formule ta vision

À partir de tout ce que tu as écrit, formule maintenant ta vision en une ou quelques phrases simples et claires, en combinant ton désir (rêve) et ton amour (impact).

Lis les exemples ci-dessous pour t'en inspirer :

- *Je bâtis un écosystème technologique et d'innovation de référence, utilisant l'intelligence artificielle et les technologies avancées pour résoudre des défis majeurs dans la santé. La valeur créée alimente la recherche, la formation des talents locaux et l'entrepreneuriat innovant, et une part significative de cette prospérité est consacrée à l'œuvre de Dieu, afin que le progrès technologique devienne un instrument de vie, de justice et d'espérance pour des millions de personnes.*
- *Je crée des collections internationales de vêtements et d'accessoires de luxe porteurs de sens, alliant excellence esthétique et impact durable. Ce projet génère une prospérité partagée : il garantit aux artisans une rémunération digne et durable, et me permet de consacrer 10 % de mes revenus à l'œuvre de Dieu et à des actions caritatives, afin que cette abondance devienne une source d'Amour et de transformation.*
- *J'investis dans la construction et la rénovation de logements abordables pour la classe moyenne ainsi que de résidences de luxe. Ces projets améliorent durablement la qualité de vie des familles en leur offrant un habitat digne et adapté à leur budget. Ils constituent à la fois une bénédiction pour les foyers qui y vivent et un levier d'abondance pour moi, me permettant de financer la formation de jeunes artisans aux techniques de construction durable et de consacrer 10 % de mes revenus à l'œuvre de Dieu.*
- *Je développe une carrière d'excellence dans le leadership et la gestion de programmes sportifs. En parallèle, j'investis stratégiquement dans des projets responsables et générateurs de valeur afin de bâtir une prospérité stable. Cette synergie me permet d'avoir un impact réel, de soutenir des causes éducatives et sociales, et de consacrer une part*

fidèle de mes revenus à l'œuvre de Dieu, faisant de ma trajectoire professionnelle un canal d'Amour et de bénédiction.

- *Je bâtis une plateforme immobilière de référence dédiée au développement de logements dignes, accessibles et durables pour la classe moyenne. Je crée aussi des résidences de haut standing. À travers ces projets, je contribue à transformer durablement les villes, à améliorer la qualité de vie de milliers de familles et à structurer une filière locale de construction responsable. La prospérité générée me permet d'investir massivement dans la formation de jeunes artisans aux techniques de construction durable et de consacrer fidèlement 10 % de mes revenus à l'œuvre de Dieu, afin que cette croissance devienne un instrument de justice, de dignité et de bénédiction à grande échelle.*

Etape 5 : Prière de consécration de la vision

Maintenant fais cette prière pour confier ta vision à Dieu.

Père Céleste,
je Te consacre ma vision.
Aligne-la à Ton cœur,
et fais-en un instrument pour Te glorifier et servir les autres.

Surprends-moi par Ta faveur, Ta générosité et Ta providence.
Ouvre les portes que nul ne peut fermer
et ferme celles qui ne viennent pas de Toi.

Je Te remercie de faire de moi ton canal d'abondance,
Que la prospérité ne m'emprisonne jamais,
mais qu'elle me libère pour aimer, donner et bâtir selon Ta volonté.

Au nom puissant de Jésus-Christ,
j'établis, je consacre et je scelle cette vision.
Amen.

CHAPITRE 3

LES OBJECTIFS À LONG TERME (OLT) : FIXER LE SOMMET AVANT DE GRAVIR LA MONTAGNE

Introduction : du sommet lointain aux premiers pas

Ta vision, tu l'as déjà entrevue au chapitre précédent : elle est comme une montagne majestueuse qui se dresse devant toi. Tu la vois, tu la contemples, elle te donne envie d'avancer. Elle est ton cap. Mais regarde bien : aucune montagne ne se gravit en un seul bond. On l'atteint pas à pas, pierre après pierre, souffle après souffle. Voilà pourquoi il est indispensable de transformer ta vision en objectifs. Les objectifs sont ces marches que tu poses sous tes pieds pour gravir la montagne. Ils traduisent le rêve en étapes. Chaque grande œuvre commence par une succession de petits gestes ordonnés.

C'est exactement ce que nous allons explorer dans ce chapitre. Comment prendre ta vision — ce tableau inspirant gravé dans ton cœur — et la traduire en objectifs concrets, mesurables et temporels. Prépare-toi donc à passer du sommet contemplé aux pas concrets.

Pourquoi transformer sa vision en objectifs ?

Une vision claire, c'est une étoile dans la nuit. Elle éclaire ton horizon, attire ton regard vers l'avant et nourrit ton espérance. Cette étoile te rappelle où tu vas, même quand la route est obscure. Il est très important d'avoir les yeux fixés sur cette étoile. Mais si tu restes les yeux fixés uniquement sur cette étoile, sans jamais avancer en posant un pied devant l'autre, tu risques de rester immobile à la contempler… sans jamais t'en approcher.

La vision est absolument nécessaire en ce sens qu'elle te montre la direction, mais pour qu'elle devienne une réalité, elle doit se traduire en objectifs concrets. Ce sont tes objectifs qui te font progresser. Ils transforment ton rêve en chemin, ton inspiration en action. La vision naît et grandit dans ton cœur, mais ce sont tes objectifs qui la font descendre jusque dans tes mains et tes pieds.

Les objectifs traduisent le langage du rêve en langage du réel. Sans eux, la vision reste une idée brillante mais suspendue dans le ciel. Avec eux, elle devient une œuvre que tu bâtis jour après jour.

Exemple biblique : La manne au désert

Quand les enfants d'Israël sortent d'Egypte, Dieu leur donne une promesse : la Terre promise, où coulent le lait et le miel. Pourtant, Il ne les y amène pas en un instant. Chaque jour, Il leur donne un objectif concret : ramasser la manne suffisante pour la journée (Exode 16). Ce rythme quotidien, presque banal, les préparait pourtant à entrer un jour dans l'abondance. Leur vision était la Terre promise ; leurs objectifs quotidiens étaient de marcher, de se nourrir et de faire confiance.

Retenons ceci:

- **La vision donne la direction.**

- **Les objectifs donnent la traction.**

Sans vision, tu erres. Sans objectifs, tu piétines.

Mais quand tu combines une vision inspirante avec des objectifs concrets, tu entres dans ce mouvement vers la terre promise : le rêve devient chemin, et le chemin devient victoire.

3.1. La Méthode AMT

Ta vision est comme une graine : pleine de potentiel, mais elle doit être plantée, arrosée et cultivée pour porter du fruit. La méthode AMT est ce processus. Elle te permet de transformer une idée inspirante en un chemin balisé.

Ta vision, c'est la montagne. Tes objectifs à long terme, c'est le sommet précis que tu veux atteindre.

Si la vision te montre la direction, l'objectif à long terme te donne un point d'arrivée clair, mesurable et daté. C'est la première étape pour faire descendre ta vision du monde invisible au monde visible.

Les objectifs à long terme sont la traduction concrète de ta vision dans le temps. Ils expriment ce que tu veux accomplir dans les trois, cinq, sept ou dix prochaines années — dans ta carrière, ton entreprise ou tes investissements financiers. Ils agissent comme une boussole stable : peu importe les tempêtes, tu sais où tu vas.

Pour bien les formuler, je te propose une méthode simple : **la méthode AMT – Ambitieux, Mesurable, Temporel.** Elle te permet d'articuler ton rêve en actions concrètes.

3.1.1. A – Ambitieux : Ose viser grand

Tes objectifs à long terme ne doivent pas être un simple "être un peu mieux" ou "faire un peu plus". Ils doivent se dresser comme un sommet majestueux, dont la seule ascension te contraint à briser tes limites et à sortir de ton confort habituel. Des objectifs ambitieux te poussent à dépendre de Dieu et à mobiliser le meilleur de ton potentiel.

Ce n'est pas un rêve démesuré : c'est un rêve habité par la foi.

Cet élan t'élève, te transforme et te rappelle que tu es capable — avec l'aide de Dieu — de franchir des montagnes que d'autres jugeraient infranchissables.

« Agrandis l'espace de ta tente, déploie les couvertures de ta demeure, ne retiens pas ! » Ésaïe 54:2

Cette parole n'est pas une simple métaphore : c'est un appel à élargir tes limites. Un objectif ambitieux ne cherche pas à flatter ton ego, il t'oblige à croître, à apprendre, à prier davantage, à t'entourer mieux et à planifier plus intelligemment.

Exemples bibliques d'ambition inspirée

- **Abraham** n'avait aucune descendance quand Dieu lui parla de nations. Son objectif dépassait tout ce qu'il pouvait produire humainement.
- **Néhémie** voulait rebâtir une muraille en ruine — en cinquante-deux jours. Mission impossible, sauf pour un homme porté par une vision divine.

Tes objectifs à long terme doivent provoquer en toi un mélange de vertige et de conviction. Si tu peux tout faire sans l'aide de Dieu, tes objectifs sont trop petits. Mais s'ils te font dire : *« Seigneur, sans Toi, c'est impossible. Mais avec Toi tout est possible »*, alors tu es exactement sur la bonne voie.

Un objectif ambitieux…

- Te stimule chaque matin à sortir du confort de la routine.
- Te connecte à ton potentiel et t'oblige à te dépasser.
- Active ta foi, car tu ne comptes plus seulement sur tes ressources, mais sur la provision divine.
- Inspire les autres, car ta croissance devient un témoignage vivant.

Pourquoi l'ambition est nécessaire ?

- **Parce que tu veux passer d'un point A (ta situation actuelle) à un point B (ta situation rêvée)**. Tu n'as pas été créé pour plus que la médiocrité. Si ton objectif reste confortable, sans challenge, tu n'activeras jamais tout ton potentiel.
- **Parce qu'une vision moyenne attire peu.** Ce qui est petit mobilise peu de ressources, peu d'énergie, peu de foi. Un objectif ambitieux te pousse à t'élever et attire autour de toi les bonnes personnes, les bonnes opportunités et les bonnes ressources.
- **Parce que l'ambition est une déclaration de foi** : *« Seigneur, je crois que Tu peux me rendre plus grand que je ne suis. Tu peux me former, m'équiper et m'élever »*.

Comment formuler un objectif ambitieux ?

1. **Fais grand**. Pense à ce que tu pourrais entreprendre si rien ne t'arrêtait — ni le manque d'argent, ni la peur, ni le regard des autres.

2. **Sors de ta zone de confort**. Choisis un objectif qui t'invite à apprendre, à t'élargir et à t'exposer à de nouveaux défis.
3. **Laisse place à Dieu**. Une ambition saine ne repose pas uniquement sur ta force. Elle dit : *« Avec mon potentiel et ton secours, Seigneur, je peux »* plutôt que *« par moi-même, je vais… »*
4. **Relie-le à ta vision DAP**.

Souviens-toi : un objectif ambitieux n'est pas une course contre les autres, mais un appel à devenir la meilleure version de toi-même**.**

3.1.2. M – Mesurable : donner des repères concrets

Un objectif ambitieux sans mesure reste une illusion. Tu dois donc définir des repères clairs — des chiffres, des résultats, des indicateurs précis — qui te permettront de savoir si tu avances vraiment ou si tu tournes en rond. La mesure est la preuve que ta vision quitte le domaine de l'abstraction pour entrer dans celui de la construction.

Pourquoi la mesure est indispensable ?

Parce que sans mesure, il n'y a pas de progrès visible. Tu peux avoir la plus belle vision du monde, mais si tu ne peux pas évaluer ce que tu accomplis, tu ne sauras jamais si tu avances ou non. La mesure, c'est la langue du concret. Elle transforme tes intentions en actions, et tes actions en résultats observables.

« Lequel de vous, s'il veut bâtir une tour, ne s'assied d'abord pour calculer la dépense, afin de voir s'il a de quoi la terminer ? » Luc 14:28

Jésus Lui-même nous enseigne la planification et la gestion. Mesurer, ce n'est pas manquer de foi, c'est au contraire honorer Dieu par une bonne intendance.

La rentabilité économique fait partie de la mesure

Tu as pleinement le droit d'intégrer la rentabilité financière à tes objectifs. Dans le triangle DAP (Désir – Amour – Potentiel), tu as sans doute remarqué que je ne parle pas de la course à l'argent, même si ce livre traite de prospérité. Pourquoi ? Parce que l'argent ne peut pas être une boussole intérieure. Lorsqu'on poursuit une vision uniquement pour l'argent, on perd rapidement le sens, la profondeur et la cohérence de sa mission.

Mais il serait tout aussi dangereux de tomber dans l'excès inverse : croire que l'argent serait suspect, voire incompatible avec une vie alignée. Dans le développement personnel et spirituel, on évite parfois de parler franchement d'argent, comme si c'était un sujet gênant. Pourtant, l'argent n'est ni impur ni incompatible avec la foi. C'est un outil, un fruit légitime du travail, et lorsqu'il est géré avec sagesse, il devient un véritable levier de bénédiction.

Le malaise autour de l'argent vient souvent d'une confusion : on confond la quête obsessionnelle de l'argent avec la création légitime de richesse. Pourtant, les deux sont fondamentalement différents. La première détruit l'âme. La seconde fortifie la mission.

La Bible elle-même affirme clairement :

« Tu te souviendras de l'Éternel, ton Dieu, car c'est lui qui te donne la force pour acquérir des richesses. » Deutéronome 8:18

Cela signifie une chose essentielle : la capacité de produire de la richesse fait partie des dons que Dieu accorde à l'être humain. Produire de la valeur, générer des ressources, développer une activité prospère n'est pas une dérive spirituelle : c'est une responsabilité.

Un projet ne peut pas vivre uniquement d'inspiration. Une vision ne peut pas survivre uniquement d'émotion. Sans modèle économique clair, sans revenus durables, sans valeur créée, même les plus belles missions finissent par s'éteindre.

C'est pourquoi la rentabilité économique ne doit pas être perçue comme une concession honteuse, mais comme une composante essentielle de la solidité d'un projet. Elle permet à la vision de durer, de croître et de porter du fruit dans le temps.

Mais la clé reste celle-ci : il ne s'agit pas de courir après l'argent. Il s'agit de se concentrer sur la création de **VALEUR**, avec un impact en trois dimensions :

- **L'impact pour toi**
  L'abondance commence par toi. Elle te permet d'atteindre la stabilité financière, de grandir personnellement et de disposer des moyens nécessaires pour soutenir l'expansion de ta vision. Elle te permet de vivre ton alignement sans compromis.
- **L'impact pour les autres**
  Ton succès ne peut pas être égoïste. Un projet sain crée de l'emploi, rend des services utiles et apporte des solutions concrètes. L'argent que tu reçois est simplement la conséquence de la valeur que tu as apportée aux autres.
- **L'impact pour Dieu**
  Enfin, ton abondance doit devenir un instrument pour un impact plus large. Lorsqu'elle contribue à l'avancement du Royaume de Dieu et au bien, elle devient un témoignage vivant de la fidélité de Dieu : utiliser le matériel pour servir le spirituel.

Ton défi est donc clair

Ne te contente pas de gagner de l'argent. Construis une activité qui enrichit ces trois dimensions en même temps. Car lorsque tu crées de la valeur pour toi, pour les autres et pour Dieu, l'abondance matérielle devient naturellement un soutien à ta mission, et non sa finalité.

Comment rendre ton objectif mesurable ?

Définis des chiffres ou indicateurs précis.

- Combien de personnes veux-tu toucher, former, aider, embaucher, impacter ?
- Quel revenu, quelle rentabilité ou quelle production vises-tu ?

Exemples :

- Former 500.000 jeunes à l'entrepreneuriat digital.
- Générer un revenu mensuel de 50,000 dollars.

En formulant le chiffre (la mesure) relatif à la rentabilité financière et aux revenus générés par tes activités économiques, il est primordial de consacrer une partie pour l'œuvre de Dieu et la générosité (la dîme, les offrandes et les dons).

Comme mentionné au Chapitre 1, cet acte doit être fait non pas de manière mécanique, mais avec un cœur reconnaissant et joyeux, car il s'agit de reconnaître Dieu comme la Source de toutes tes ressources. Tout ce que tu donnes avec amour pour bénir ou glorifier Dieu te revient amplifié ou multiplié.

Exemples de formulation intégrant la générosité

1. **Objectif de revenu net :**
   « Atteindre un revenu net annuel de 300 000 € (incluant une enveloppe de 30 000 € allouée à la dîme et aux œuvres de charité). »

2. **Objectif de croissance de marge :**
   « Accroître la marge brute de l›entreprise de 15 % d'ici la fin du trimestre, en s'assurant que 10 % de cette croissance excédentaire sera destinée à des projets communautaires et l'œuvre de Dieu. »

Souviens-toi de ceci : *« Apportez à la maison du trésor toute la dîme, afin qu›il y ait de la nourriture dans ma maison ; mettez-moi de la sorte à l›épreuve, dit l›Éternel des armées, et vous verrez si je n›ouvre pas pour vous les écluses des cieux, si je ne répands pas sur vous la bénédiction en abondance. » Malachie 3:10.*

C'est le seul verset dans toute la Bible où Dieu demande expressément à l'humanité de Le mettre à l'épreuve. Dieu te mets au défi : testes le et tu verras comment il multipliera ce que tu donnes. Quand tu donnes ce que tu as, Dieu donne ce que Lui a, et Sa réserve est infinie.

Retiens ceci

Mesurer, ce n'est pas se limiter. C'est donner une structure à la foi. C'est reconnaître que Dieu agit à travers un plan, des étapes, et des résultats. Ta foi produit des fruits ; la mesure te permet de les compter et de les célébrer.

3.1.3. T – Temporel : fixer une échéance claire

Un objectif sans échéance reste un vœu pieux. Ce n'est pas encore un engagement, mais une belle intention suspendue dans le temps. Fixer une date, c'est déclarer que ton rêve n'est plus une idée, mais un projet en marche.

« Il y a un temps pour tout, un temps pour chaque chose sous les cieux. » Ecclésiaste 3:1.

Dieu Lui-même agit dans le temps. Il ne fait rien dans la précipitation, mais Il ne laisse rien non plus dans l'indéfinition. Chaque promesse divine a une saison d'accomplissement. Quand Dieu annonce à Abraham qu'il aura un fils, Il ne parle pas d'un "jour peut-être", mais d'un moment précis : *« À cette même époque l'année prochaine »* (Genèse 18:14). La promesse avait un calendrier. La promesse et le délai faisaient partie du même plan.

Pourquoi le facteur temps est essentiel ?

1. **Le temps te rend responsable.** Une échéance t'oblige à passer de la réflexion à l'action. Elle te pousse à planifier, à prioriser, à agir concrètement.
2. **Le temps te protège de la procrastination**. Quand il n'y a pas de date limite, tu repousses, tu tergiverses, tu trouves toujours une bonne raison d'attendre "le bon moment".
3. **Le temps structure ta foi.** Fixer une échéance, c'est dire à Dieu : *« Voici ma foi en action. Je crois que Tu peux m'aider à accomplir cela dans cette période. »* Le calendrier devient alors un outil spirituel : une expression de ta confiance dans le rythme divin.

Exemple contemporain : Fred Swaniker

Fred Swaniker, fondateur de l'African Leadership University (Ghana), n'a pas simplement dit : *« Je veux former des leaders africains. »* Il a fixé un cap : former 25 000 jeunes leaders d'ici 2035. Cette clarté temporelle a mobilisé des investisseurs, des formateurs et des jeunes à travers tout le continent. Le temps, ici, est devenu un moteur de vision.

L'histoire de Fred Swaniker est l'illustration puissante du fait que la foi et le calendrier marchent ensemble. Son intention était profonde : ayant vécu l'instabilité du leadership en Afrique dès l'âge de quatre ans, il portait le désir de combler ce vide. Son potentiel était prêt (McKinsey, Stanford, Arjay Miller Scholar). Mais ce qui a transformé son idée (un plan d'affaires rédigé à Stanford) en l'African Leadership University — décrite par CNN comme le « Harvard d'Afrique » — c'est l'audace de dater son objectif. En déclarant publiquement vouloir former 25 000 leaders d'ici 2035, et plus tard 3 millions de dirigeants d'ici 2060, Swaniker a fait trois choses essentielles, en accord avec l'esprit de l'AMT :

1. **Il a chassé le vague**. Un objectif vague est une cible manquée d'avance. En fixant 2035 et 25 000 leaders (et plus tard 3 millions de dirigeants en 2060), il a transformé un noble souhait en un contrat de performance. Ces dates précises ont forcé une planification rigoureuse pour construire les infrastructures nécessaires, allant même jusqu'à ouvrir de nouveaux campus à Maurice et à Kigali.
2. **Il a attiré les alliés majeurs**. Le calendrier, en rendant l'objectif *Mesurable* et *Temporel*, a convaincu les investisseurs de la Silicon Valley qu'il s'agissait d'un projet sérieux, doté d'une feuille de route. Il a rallié des personnalités de poids comme Graca Machel (Recteur) et Donald Kaberuka (Conseil d'administration). Le temps précis est un aimant pour les ressources, car les grands partenaires financiers et stratégiques n'investissent pas dans une simple «belle intention», mais dans une stratégie datée.
3. **Il a créé une urgence positive**. L'échéance oblige à l'action immédiate. La promesse de former des milliers de leaders avant un certain délai met le feu à l'action. Comme la promesse faite à Abraham qui devait *marcher* en direction de la terre promise, Swaniker a dû lancer son académie immédiatement après la fin de ses études en 2004.

Le temps n'est donc pas une contrainte, mais le cadre structurel qui donne à ta Vision la densité nécessaire pour se matérialiser. En datant ton OLT (Objectif à Long Terme), tu déclares non seulement ta foi en l'accomplissement, mais tu donnes aussi la preuve que tu es prêt à gérer le rythme de l'abondance qui arrive.

Ces deux exemples — Abraham et Swaniker — nous rappellent que tout objectif devient puissance quand il s'inscrit dans un calendrier.

Comment donner une dimension temporelle (T) à ton objectif ?

La dimension temporelle est l'élément qui fait passer ton objectif du stade de l'espérance vague à celui du plan d'action. Pour ancrer ta vision dans le calendrier de la manifestation, voici les deux directives fondamentales à suivre :

- **Fixe une date d'accomplissement : L'acte de prophétie**

Tu dois définir clairement le moment où tu t'engages à atteindre ton objectif. Cet engagement doit être aussi précis que le serait un contrat d'affaires ou une promesse biblique :

- **Exemples :**
    - « D'ici **décembre 2028**, je publierai trois livres qui atteindront 500.000 lecteurs. »
    - « D'ici **trois ans**, je générerai un revenu mensuel durable de 25 000 USD à travers ma nouvelle entreprise de services digitaux. »

Une date, c'est une prophétie concrète. Elle crée un cadre d'attente et de préparation, forçant ton esprit à trouver les solutions avant l'échéance.

En apposant un chiffre et un mois sur ton rêve, tu le rends palpable et tu crées une tension créatrice : l›écart entre ta réalité actuelle et ton futur fixé. Cette tension est le moteur le plus puissant de l›action.

- **Sois ferme sur la direction, flexible sur le rythme : La sagesse d'Habacuc**

La vie n'est pas linéaire. La route vers l'abondance est souvent une succession de lignes droites, de détours et de saisons d'attente.

- *Ne confonds pas un délai avec une défaite.* Un retard n'est pas un échec si tu maintiens ta direction. Il peut simplement s'agir d'une saison de maturation où Dieu te prépare, t›équipe ou réaligne des éléments extérieurs à ton contrôle (ressources, rencontres, marché).
- *La référence biblique est ton ancre : « La vision est encore pour un temps fixé… si elle tarde, attends-la, car elle s'accomplira, elle s'accomplira certainement. » Habacuc 2:3.*

L'échéance est un guide, pas une idole.

Si tu restes fidèle dans le processus, si tu persévères à avancer avec discipline et foi, alors le temps deviendra ton allié, et non ton juge.

La foi te demande de fixer la date ; la sagesse te demande d'honorer le processus.

3.2. Un objectif ambitieux, mesurable et temporel devient une promesse incarnée — un projet que tu peux visualiser, planifier, suivre et célébrer.

Ci-dessous quelques exemples d'objectifs AMT à long terme.

Exemple 1 : *D'ici Mars 2029 (T), établir mon entreprise de conseil en énergies vertes pour en faire la référence dans le marché régional (A). Cet engagement se traduira par la réalisation d'un chiffre d'affaires annuel de 5* *millions d'euros (M), assurant ainsi ma liberté financière totale (A) tout en garantissant, dès la première année de rentabilité, l'allocation mesurable et prioritaire de 10% du bénéfice net (M) aux œuvres de bienfaisance et à la gloire de Dieu.*

AMT Décomposé

Critère	**Détail de l'objectif**	**Pourquoi c'est plus fort ?**
A – Ambitieux	Référence du marché ; Liberté financière ; Allocation prioritaire (10 %) pour la Gloire de Dieu.	L'ambition est élevée (leadership régional) et purifiée par la consécration d'une partie des fruits au service. Cela élève l'objectif au rang de mission.
M – Mesurable	50 salariés ; 5 millions € de chiffre d'affaires ; 10 % du bénéfice net alloué.	L'acte de générosité (10 % du bénéfice net) est chiffré et intégré comme un indicateur de performance, prouvant que le don est une composante essentielle de la rentabilité.
T – Temporel	Mars 2029.	L'échéance précise crée l'urgence positive et l'engagement.

Exemple 2 : *D'ici Fin 2030 (T), publier une trilogie d'ouvrages spirituels (A) atteignant 1,5 million de lecteurs cumulés (M). Cette œuvre générera un revenu passif net annuel (M) de 180000 $US, ce qui nous permettra de financer intégralement un projet missionnaire dédié, sans dépendre de donations extérieures.*

Critère	**Justification**
A – Ambitieux	Atteindre 1,5 million de lecteurs pour une trilogie est un objectif qui demande une foi élevée, un marketing intelligent, et une qualité exceptionnelle. Le financement intégral du projet missionnaire grâce à ce revenu passif est l'expression ultime de l'intention de service et de la foi en la multiplication.
M – Mesurable	1,5 million de lecteurs cumulés et 180 000 $US de revenu passif net annuel. Ces montants mesurent l'impact et la rentabilité, et sont spécifiquement dimensionnés pour couvrir la totalité des coûts opérationnels du projet missionnaire, garantissant ainsi sa durabilité et son indépendance.
T – Temporel	Fin 2030 (Le temps nécessaire pour écrire, publier, et créer une audience durable pour plusieurs livres).

3.3. Exercice pratique : Formule tes OLT selon la méthode AMT.

Cet exercice est un tournant. Tu ne fais plus qu'imaginer ta vie idéale : tu commences à l'écrire dans le temps, à la rendre mesurable et concrète. Souviens-toi : la vision est la montagne, mais tes objectifs à long terme en sont le sommet. Alors, prends un temps de calme, ton carnet à la main, et laisse Dieu t'inspirer pendant que tu écris.

Étape 1 : Reconnecte-toi à ta vision DAP.

Relis ta vision que tu avais définie dans le chapitre précédent (et qui prenait en compte ton Désir, ton Amour et ton Potentiel).

Demande-toi :

« Quelles sont les grandes réalisations que j'aimerais voir accomplies dans 3, 5 ou 7 ans, si je mettais toutes mes forces — et ma foi — au service de ma vision ? »

Écris librement, sans te censurer.

Ton objectif doit être "A" : Ambitieux : Ose rêver grand.

Ton objectif doit être plus grand que toi, te faire dépendre de Dieu et te pousser à croître.

Demande-toi :

- **Si je n'avais ni peur, ni limite, ni contrainte de moyens, qu'entreprendrais-je ?**
- **Mon objectif reflète-t-il mon appel, pas seulement mon confort ?**

Ton objectif doit être "M" : Mesurable

Un objectif ambitieux doit pouvoir se mesurer. Fixe des repères concrets : des chiffres, des résultats visibles, des indicateurs de progrès.

Demande-toi :

- **Comment saurai-je que mon objectif est atteint ?**
- **Quels nombres, quels résultats tangibles ou quelles transformations le prouveront ?**

- **Est-ce que mon objectif inclut aussi une dimension de rentabilité économique ? Et combien (ou quel pourcentage) sera consacré à l'œuvre de Dieu et à la générosité) ?**

Ton objectif doit être "T" : Temporel

Un objectif sans échéance reste une bonne intention. Donne-lui une date précise : cela crée de la discipline, de la motivation et une foi orientée vers l'accomplissement.

Demande-toi :

- **Dans combien de temps est-ce que je voudrais atteindre ce sommet ?**
- **Quelle est la date réaliste et stimulante qui pourrait me pousser à agir dès aujourd'hui ?**
- **Que pourrais-je (Qu'est-ce que je pourrais) accomplir chaque année pour m'en rapprocher ?**

Étape 2 : Combine tes éléments AMT

Maintenant, assemble tous les éléments en des phrases claires, inspirantes et puissantes.

Ce sont tes **objectifs à long terme AMT** : le fruit visible de ta vision DAP.

CHAPITRE 4

LES OBJECTIFS À COURT TERME (OCT) : LE RYTHME DU PROGRÈS

Introduction : les petites victoires quotidiennes

La montagne de la vision ne se gravit jamais en un seul jour. Après avoir audacieusement fixé ton sommet à long terme (Objectifs à Long Terme - OLT), l'heure n'est plus à la contemplation du pic, mais à la préparation de la marche. C'est dans cette transition cruciale que naissent les Objectifs à Court Terme (OCT) – ces victoires régulières et mesurables qui transforment un rêve intimidant en une progression maîtrisée.

Les OCT sont les semences quotidiennes et opérationnelles de ta vision. Ils représentent ce que tu veux et peux accomplir de manière concrète dans les 3, 6, ou 12 prochains mois. Si tes OLT sont la destination stratégique, tes OCT en sont le chemin balisé, assurant que tu es en mouvement constant et dans la bonne direction.

Pourquoi les Objectifs à Court Terme sont-ils la clé de voûte ?

Un rêve n'acquiert de la substance qu'en commençant à s'incarner dans le présent. Les OCT sont cette incarnation pratique. Ils ne sont pas une simple liste de tâches; ils sont un mécanisme psychologique et spirituel essentiel qui donne de la matière, du rythme, et une discipline infaillible à ta grande vision.

Ils forgent la discipline. Tu apprends à bâtir non pas dans l'euphorie de la motivation soudaine, mais dans la constance mesurée. La discipline, c'est choisir l'action quand le sentiment fait défaut.

Ils nourrissent la foi pratique. Chaque petite réussite, chaque case cochée, devient un rappel tangible que le progrès est possible et que Dieu agit même dans les détails et les petites choses. C'est la preuve que l'invisible devient visible.

Ils maintiennent la motivation. Le sentiment d'accomplissement, même minime, déclenche une boucle de rétroaction positive. Voir les progrès réalimenter ton courage et ton énergie, surtout dans les saisons de découragement ou d'attente.

Ils structurent le sens. Ils répondent à la question : «Pourquoi me suis-je levé ce matin ?» Tu sais exactement pourquoi tu travailles et comment chaque heure et chaque effort contribuent à l'atteinte de ton sommet.

Les OCT sont comme les pierres d'un sentier montagnard **:** modestes, souvent répétitives, mais sans elles, la montée est un chemin glissant, et le sommet reste inaccessible.

4.1. Comment définir tes OCT «SMART» et opérationnels

Après avoir défini l'altitude de tes OLT, il est temps de fixer les marches concrètes et claires qui t'y mèneront. Un OCT efficace doit être une action définie et puissante :

- **précise** (tu sais exactement ce que tu dois faire),

- **mesurable** (tu peux vérifier si tu l'as accomplie),
- **réalisable** dans un délai court (3, 6 ou 12 mois)
- **directement reliée** à la vision et à tes OLT.

La question clé à se poser :

« Quelle étape critique et significative puis-je accomplir au cours des 3, 6 à 12 prochains mois qui me rapprochera irréfutablement de ma vision et mes OLT ? »

Exemples d'OCT :

Pour bien comprendre la puissance de cette décomposition, examinons quelques transitions claires entre le rêve lointain et la première marche significative :

- Si ton OLT est de **construire une maison**, ton OCT est d'**acquérir le terrain.**
- Si ton OLT est de **devenir un auteur**, ton OCT est **d'écrire et de réviser les 5 premiers chapitres de ton manuscrit.**
- Si ton OLT est de **changer de carrière et de devenir développeur logiciel en trois ans**, ton OCT inaugural sera de **terminer un cours d'introduction au codage (par exemple, Python ou JavaScript) et de réaliser deux petits projets pratiques qui prouveront ton engagement d'ici 90 jours.**
- Si ton OLT est de **lancer une entreprise de produits artisanaux en ligne**, ton OCT essentiel est de **créer la boutique en ligne (choisir la plateforme, le design) et de produire le stock initial de 50 articles prêts à être expédiés dans les 4 prochains mois.**
- Si ton OLT est de **maîtriser une nouvelle langue (par exemple l'espagnol) pour voyager avec aisance**, ton OCT mesurable est

d'apprendre 500 mots de vocabulaire de base et d'être capable de tenir une conversation simple de 5 minutes sur des sujets du quotidien d'ici 6 mois.

4.2. Les OCT : La loi des petites semences et de l'effet composé

Ton OCT n'est pas «peu»; il est le commencement essentiel. Il s'inscrit dans la sagesse biblique de l'effet cumulatif des petites choses :

- Une petite poignée de farine a été multipliée pour nourrir une famille entière. (1 Rois 17:8-16)
- Une graine de moutarde est la plus petite de toutes, mais elle devient un grand arbre où les oiseaux du ciel nichent dans ses branches. (Luc 13:18-19)

Ton objectif à court terme est cette graine humble qui porte le potentiel d'un grand arbre.

Le piège le plus dangereux : mépriser l'humilité des premiers pas

Beaucoup abandonnent leur vision non pas parce qu'elle est trop grande, mais parce qu'ils méprisent l'humilité et la banalité des premiers pas. Nous voulons l'extraordinaire sans l'ordinaire.

C'est l'accumulation patiente qui crée la force irrésistible :

- Lire 10 pages par jour (équivaut à plus de 3 600 pages par an).
- Écrire 30 minutes chaque matin (produit le premier jet d›un livre entier en quelques mois).
- Faire 3 appels clients par jour (génère 750 interactions annuelles).

Ces petites actions créent l'effet cumulatif puissant. **C'est la Loi de la constance et du fait quotidien** : ce que tu fais *un peu*, mais de manière régulière et fidèle, devient une force capable de déplacer des montagnes. La constance bat l'intensité.

Ci-dessous quelques exemples d'OCT :

- *Cinéma/Production : Écrire et réviser le scénario complet d'un court-métrage (ou d'un «pilote» de série) portant sur la réconciliation, et sécuriser un engagement de budget minimal de 5 000 € d'ici 4 mois.*
- *Logistique/Transport : Compléter une formation en gestion de flotte et obtenir toutes les licences et assurances nécessaires pour le transport de marchandises d'ici 4 mois.*
- *Ingénierie/Immobilier : Définir et automatiser une stratégie d'épargne pour accumuler 10% des revenus salariaux pour l'investissement immobilier, et étudier trois quartiers potentiels pour une première acquisition d'ici 12 mois.*
- *IA/Santé : Développer un prototype d'algorithme de détection précoce pour une maladie rare spécifique et obtenir un taux de précision initial de 75% sur un jeu de données test sélectionné d'ici 6 mois.*
- *Mode/Luxe Éthique : Produire une collection capsule initiale de 10 pièces avec des artisans locaux, tout en documentant le coût réel et la juste rémunération d'ici 5 mois.*
- *Restauration/Gastronomie : Finaliser le menu détaillé du premier restaurant, établir des partenariats officiels avec trois fournisseurs de produits locaux de haute qualité, et compléter l'étude de faisabilité financière d'ici 3 mois.*
- *Beauté/Bien-être : Lancer une boutique en ligne pilote avec une gamme initiale de cinq produits cosmétiques haut de gamme et atteindre 50 premières ventes d'ici 90 jours.*

- *Design d'Intérieur/Coaching : Lancer un programme de mentorat en ligne de 4 semaines ciblant l'autonomisation financière des femmes et inscrire 20 participantes payantes d'ici 3 mois.*
- *Logistique/Transport : Épargner rigoureusement 75% du revenu net de l'activité actuelle de chauffeur de taxi pour accumuler 3 500 € de capital de départ pour l'acquisition du premier véhicule d'ici 12 mois.*
- *Immobilier/Construction : Identifier, négocier, et obtenir une option sur un premier terrain viable pour un projet de logement abordable ou de luxe d'ici 8 mois, tout en établissant un plan de financement (banque/épargne) chiffré.*
- *Finance Personnelle/Général : Mettre en place le versement systématique de la dîme (10% du revenu) et une contribution caritative régulière à une œuvre d'enfants défavorisés, et maintenir cette discipline pendant 12 mois.*

4.3. Un équilibre à préserver : les OCT dans toutes les dimensions de la vie

Même si l'élan initial de tes OLT se concentre essentiellement sur tes ambitions de carrière, d'entreprise ou d'investissement (et c'est surtout le point central de ce livre), il est fondamental d'intégrer dans tes OCT des aspects touchant à d'autres secteurs, notamment la vie spirituelle, la vie sociale et relationnelle, la santé et le bien-être physique et mental, car ta vie est un tout cohérent.

Un succès professionnel isolé, dénué de ces aspects que je viens d'énumérer reste une réussite fragile. C'est pourquoi je t'encourage à étendre tes objectifs aux autres piliers fondamentaux.

La dimension spirituelle est le carburant invisible.

Le succès durable est toujours alimenté par une force intérieure inépuisable. La négligence de cette dimension mène à l›épuisement, même au sommet de la réussite matérielle. En effet, le principe qui dit : « *Cherche d'abord le Royaume de Dieu, et le reste te sera donné par surcroît* » (Matthieu 6:33) est la loi de la priorité divine. Lorsque l'alignement est établi, tout le reste trouve sa juste place et son juste rythme.

Il s'agit de cultiver l'intimité et la dépendance. Il ne suffit pas de *croire* ; il faut pratiquer la présence de Dieu. Cela implique de sanctuariser un temps pour la prière, le silence et la méditation de la Parole. C'est le lieu où le discernement s'aiguise et où les décisions sont purifiées de l'anxiété et de l'avidité.

Ces moments invisibles fortifient ton âme, aiguisent ton discernement, et t'ancrent dans une paix intérieure inébranlable qui est le véritable socle de ta persévérance à long terme.

La dimension relationnelle et sociale : l'homme n'est pas une île.

Même le destin le plus solitaire se construit dans le regard, le soutien ou parfois la confrontation avec l'autre.

Toute réussite qui isole, qui fracture les liens ou qui nécessite de marcher sur les autres finit par se retourner contre toi. Le succès véritable ne se mesure pas seulement à ce que tu possèdes ou à ce que tu accomplis, mais à qui tu deviens dans la relation — parent, partenaire, ami, mentor, voisin, citoyen.

Les OCT doivent donc intégrer des objectifs relationnels concrets : restaurer une confiance brisée, cultiver une amitié ancienne, être présent aux moments critiques, apprendre à écouter sans juger, ou encore créer des espaces de contribution collective.

Dans le monde hyperconnecté d'aujourd'hui, il est facile de confondre «contacts» et «connexions». Pourtant, la profondeur relationnelle se gagne dans la répétition des petites fidélités : un message après une épreuve, un repas sans agenda, une dispute réparée avant la nuit, une frontière respectée sans bruit. Ces gestes nourrissent le tissu social invisible qui te portera quand ta force intérieure vacillera.

Prends aussi garde à l'effet «miroir» : tu attires souvent ce que tu es devenu intérieurement. Si ton ambition te rend critique, suspicieux ou calculateur, tes relations se chargeront de reflets durs. Si tu cultives la générosité, la clarté et la loyauté, tu finiras par être entouré de gens qui te renvoient ces mêmes qualités. C'est pourquoi il est sage d'inscrire dans tes OCT un audit relationnel annuel : Qui m'inspire ? Qui me drain ? Qui me sanctifie ? Qui me confronte avec amour ?

Parfois, il faudra apprendre à désinvestir de certaines relations toxiques sans haine, mais avec détermination. Parfois, il faudra réinvestir dans celles que tu as négligées sous prétexte de «pas le temps».

Enfin, n'oublie pas que la vie sociale n'est pas un extra, c'est un écosystème. En t'isolant pour «gagner du temps», tu finis par appauvrir le terreau même d'où émergeront tes prochaines idées, tes futurs (ou potentiels) partenaires, d'éventuelles opportunités ou de probables soutiens. Intègre donc des objectifs qui te forcent à rester enraciné comme par exemple un repas hebdomadaire avec tes proches, un groupe d'hommes ou de femmes qui se réunit pour parler vrai ; un engagement bénévole qui te rappelle que tu n'es pas le centre du monde. Ce sont là des investissements relationnels qui, loin de te distraire de ta mission, la prolongeront dans le temps parce qu'ils te maintiendront humain, aimable et aimé.

La Dimension du bien-être physique et mental : Le corps est le temple du Saint-Esprit (1 Corinthiens 6:19).

Négliger ta santé, c'est compromettre le véhicule même de ta vision. L'énergie physique soutient la persévérance spirituelle et la productivité professionnelle. Une discipline physique bien menée est souvent le reflet d'une discipline mentale solide. La santé physique et mentale n'est pas un luxe, mais une intendance responsable. Cela passe par la qualité du sommeil, une nutrition équilibrée, l'exercice régulier et surtout, l'apprentissage du repos véritable lorsque le corps le réclame. L'épuisement n'est pas un signe de vertu, mais souvent un signe de mauvaise gestion. En gérant ton corps avec honneur, tu maintiens une vitalité et une résilience qui te permettent de courir la longue course, d'honorer tes engagements et d'accueillir la prospérité sans t'effondrer sous le fardeau.

Ci-dessous quelques exemples d'OCT pour l'équilibre :

- **Ancrage spirituel** : Consacrer 15 minutes de silence et de méditation biblique chaque matin, sans distraction numérique, et maintenir cette discipline pendant 12 semaines consécutives.
- **Qualité familiale** : Planifier et honorer une soirée hebdomadaire de 3 heures dédiée exclusivement à la famille (conjoint/enfants), sans aucune interruption professionnelle, pour les 12 prochaines semaines.
- **Vitalité physique** : Effectuer 3 séances d'activité physique de 30 à 60 minutes (marche rapide, course, natation, salle de sport) par semaine, et enregistrer les progrès pour le prochain trimestre.
- **Hygiène mentale** : Améliorer la qualité de sommeil en instaurant une routine nocturne stricte (éteindre les écrans 60 minutes avant de dormir) pour atteindre 7,5 heures de sommeil en moyenne par nuit.
- **Rétablissement relationnel** : Contacter ou rencontrer 5 amis/mentors proches que tu as négligés, en planifiant un repas ou une conversation de qualité avec chacun d'eux d'ici 90 jours.

- **Croissance intellectuelle** : Terminer la lecture d'un livre théologique ou de développement personnel sélectionné et en synthétiser les 5 principes clés pour ma propre vie d'ici 4 mois.
- **Nutrition délibérée** : Éliminer complètement les boissons sucrées et les aliments ultra-transformés de mon régime alimentaire pendant une période de 90 jours, et suivre cette discipline sans exception.
- **Clarté sociale** : Réaliser un «audit relationnel» personnel, en identifiant deux relations toxiques à distancer et en recherchant activement un mentor/coach inspirant pour le prochain semestre.

4.4. Exercice : définir tes OCT

Cet exercice transforme ta vision et tes OLT en actions concrètes réalisables dans les prochains mois. Il est volontairement simple, car les OCT doivent être clairs, pratiques et immédiatement activables.

Étape 1 : OCT socio-économiques – le moteur

Relis ton intention, ta vision et tes OLT.

Pose-toi cette question unique :
« **Qu'est-ce qui, dans 3, 6 ou 12 mois, prouvera que j'ai avancé vers ma vision D.A.P et mes OLT tout en honorant Dieu avec mes passions, mon amour, mes talents et mes finances ?** »

Identifie et liste tes domaines clés. Ce sont les axes qui découlent des choix socio-économiques définis dans les chapitres précédents et définis dans ta vision DAP : salariat, entrepreneuriat et investissements.

Exemple :

- Progresser : compétences / performance dans mon emploi
- Créer : lancer un service, un produit, un contenu
- Structurer : organiser mes finances / épargner / investir

N'oublie pas d'inclure un OCT dédié à la générosité : consacrer une partie de tes revenus à l'œuvre de Dieu (dîme, offrandes, dons). Cet acte ne doit pas être mécanique, mais posé avec reconnaissance, en reconnaissant Dieu comme la Source de toutes tes ressources. Ce que tu donnes avec amour te revient toujours amplifié.

Exemple d'OCT dédié à la générosité:

« Dès ce mois, verser 10 % de tout revenu net pour l'œuvre de Dieu (dîme et offrandes) et des actions de générosité, guidées par le Saint-Esprit, avant le 31 décembre.

Etape 2 : Ajoute des OCT d'équilibre.

Liste quelques OCT d'équilibre :

- Spirituel
- Social et relationnel
- Bien-être physique et mental

Etape 3 : Rédige tes OCT

Inspire-toi des exemples partagés dans ce chapitre et formule tes OCT.

Etape 4 : Fais valider tes OCT par ton esprit et ton cœur, avec une foi inébranlable.

Pour chaque OCT, pose toi les questions suivantes et réponds avec une foi inébranlable :

- « **Puis-je le réaliser dans le laps de temps fixé avec mes ressources disponible, et/ou avec la grâce de Dieu ?** »
- « **Cet objectif me rapproche-t-il de mon intention, de ma vision DAP et de mes OLT ?** »

Si la réponse est oui aux deux (questions), c'est un bon OCT.

Sinon, simplifie ou reformule.

Rappel essentiel

Les objectifs à court terme ne relèvent pas de la pression, mais de l'alignement. Ce sont les pas fidèles par lesquels la vision devient obéissance, la discipline devient fécondité et la foi devient un progrès visible.

CHAPITRE 5

L'ATTENTION : SAISIR SA VICTOIRE DANS LA FOI

Introduction : l'attention focalisée et répétée – le creuset de la foi inébranlable

Une fois ta vision et tes objectifs clairement établis, ils ne peuvent être abandonnés aux marges de ta vie, relégués aux oubliettes de l'intention. Ils doivent devenir le centre vivant de ton attention, nourris par une foi inébranlable et traduits en actions concrètes et alignées. Ce que tu veux manifester ne supporte pas l'oubli. Ne les laisse pas dormir. Garde-les avec toi. Reviens-y sans cesse. Porte-les chaque jour.

Voilà pourquoi il est essentiel de matérialiser ta vision et tes objectifs sur un ou plusieurs supports tangibles de ton choix : un carnet, un tableau, des images, des objets ; afin d'avoir avec ceux-ci un contact régulier, conscient et habité par la foi, car ce qui n'est pas rappelé s'affaiblit, et ce qui n'est pas entretenu se dessèche.

L'intention, la vision et les objectifs d'abondance que tu as établis sont grands et ambitieux ; ils ne s'offrent pas à un esprit dispersé. Ils exigent une attention volontaire, ardente, et pleinement tournée vers ces aspirations. Chaque fois que ton esprit revient délibérément vers tes aspirations, tu ne fais pas que penser à l'avenir : tu imprimes la promesse dans ta conscience, tu la sculptes dans ton cœur, et tu l'exposes à la lumière vivante de la foi, là où elles prennent racine, force et substance.

Ce retour répété agit comme une semence arrosée avec constance : il nourrit ta conviction intérieure, il aligne tes pensées, tes émotions et tes décisions avec ce que tu veux accomplir. Peu à peu, ton être entier se met au diapason de ta vision.

L'attention focalisée n'est pas une obsession charnelle ni une fuite du réel. Elle est une discipline spirituelle, un choix délibéré et renouvelé chaque jour : celui de décider ce qui a le droit d'habiter ton esprit. Car ce que tu contemples avec persistance, ce que tu nourris par tes pensées, tes émotions et ta prière persévérante, finit par croître, prendre racine et se manifester dans ta réalité.

Mais retiens ceci : la puissance ne réside pas dans l'attention seule. La puissance est surtout dans la foi. L'attention focalisée et régulière supporte la foi qui insuffle à l'attention une charge émotionnelle et spirituelle irrésistible. Sans la foi, l'attention répétée n'est qu'un geste mécanique. La foi est une conviction profonde, une certitude inébranlable que ce que tu poursuis est déjà accompli dans l'invisible, même si rien ne l'atteste encore dans le visible.

« La foi est une ferme assurance des choses qu'on espère, une démonstration de celles qu'on ne voit pas. » Hébreux 11:1

C'est cette assurance qui déverrouille les portes du succès et engendre le miracle que tu espères. Souviens-toi des paroles de Jésus dans les Évangiles : *« Ta foi t'a guéri » ou « Ta foi t'a sauvé ».*

L'attention focalisée et répétée demeure nécessaire dans la mesure où elle nourrit la foi. En maintenant ton regard fixé sur ta vision, tu permets à ta conviction de s'enraciner, de se fortifier et de grandir. Elle devient une puissance intérieure, soutenue par une discipline de l'esprit qui refuse la dispersion et choisit, inlassablement, de se tourner vers l'image de la réussite promise.

Le contact régulier avec ton rêve incarné agit comme un rappel constant, un ancrage vivant qui maintient ton attention focalisée et qui alimente ta foi jour après jour.

5.1. La matérialisation : la première manifestation tangible de tes rêves

La matérialisation est l'acte par lequel l'invisible commence son voyage vers le visible. C'est le point de rupture avec l'abstraction. Tant que ta vision et tes objectifs restent enfermés dans les couloirs de ton esprit, ils sont soumis aux fluctuations de l'humeur, aux vagues du doute et à l'érosion de l'oubli. En la projetant hors de toi-même sur un support physique, tu proclames que ton rêve n'est plus une simple «idée», mais une réalité en cours de formation.

Lorsque tu écris ton intention et ta vision DAP ; lorsque tu affiches tes Objectifs à Long Terme (OLT) et tes Objectifs à Court Terme (OCT), lorsque tu choisis des images, des mots, des symboles ou des objets qui représentent ce que tu poursuis, tu fais plus qu'organiser tes pensées. Tu crées un point de contact entre le rêve et le monde réel. Cette matérialisation n'a pas seulement pour but de rendre tes rêves visibles sur des supports. Elle est surtout le moyen d'entrer en contact régulier avec tes aspirations et, de nourrir et de maintenir une foi inébranlable, car ce qui réalise le rêve n'est pas sa définition, mais la foi et l'action qui l'accompagne.

« Écris la vision, grave-la sur des tables, afin qu'on la lise couramment » Habacuc 2:2.

Il ne s'agit pas ici seulement d'avoir la vision, mais de la fixer sur des supports pour la rendre visible, lisible, accessible et répétable, car une vision qui peut être relue, revue, ressentie régulièrement est une vision qui peut être crue. Elle agit dans notre subconscient, prend racine en nous, devient familière. Ce qui est matérialisé — écrit, dessiné, affiché, symbolisé — cesse d'être dépendant de la mémoire fragile ou de l'émotion du moment. Il s'inscrit dans le temps.

Chaque contact répété avec ce support devient un acte de rappel, une prédication silencieuse adressée à ton propre cœur. Tu n'as plus besoin de te convaincre : la vision te parle, jour après jour.

Lorsque tu lis ta vision, lorsque tes yeux la contemplent, lorsque ta bouche la proclame, lorsque tes mains l'ont écrivent tu engages tout ton être dans un même mouvement. Ta vision et tes objectifs cessent alors d'être imaginaires, intellectuels et abstraits pour être incarnés. Ce processus transforme progressivement ton monde intérieur, jusqu'à ce que croire devienne naturel.

La prière, associée à ce contact régulier, agit comme un souffle divin sur ce qui est écrit. Tu ne fais pas que regarder une vision : tu la présentes continuellement à Dieu, tu la Lui rappelles, tu t'y alignes. Et ce que tu pries avec constance, gratitude et foi acquiert une densité spirituelle que rien ne peut ébranler.

À l'inverse, ce qui demeure seulement pensé ou imaginé reste vague, instable, facilement supplanté par les urgences, les peurs ou les distractions. Une vision non matérialisée est comme une semence laissée dans la main : elle a du potentiel, mais elle ne portera aucun fruit tant qu'elle ne sera pas mise en terre.

Ainsi, la matérialisation devient un acte de foi concret. Elle déclare au visible ce que ton cœur croit déjà dans l'invisible. Elle affirme que ta vision mérite de l'espace, du temps et de l'attention. Et c'est précisément cette constance — soutenue par la prière, nourrie par l'attention et scellée par la foi — qui transforme un rêve en réalité manifestée.

5.1.1. Les supports de matérialisation : trouver ton point d'ancrage

Il n'existe pas un support unique, universel ou « parfait » pour matérialiser ta vision. Il existe ton support — celui qui crée pour toi un lien vivant, régulier et profond avec ce que tu veux manifester.

Les chapitres précédents t'ont permis de clarifier ton intention, ta vision et tes objectifs. Désormais, l'enjeu n'est plus de définir *quoi* poursuivre, mais de choisir *comment* rester en contact avec cette vision de manière constante et nourrissante. Le bon support est celui qui t'oblige doucement, mais fermement, à revenir à ta vision — non par contrainte, mais par attraction intérieure.

Ce support peut être écrit, visuel, auditif, symbolique, artistique ou même hybride. Il peut prendre la forme d'un carnet, d'images, de mots proclamés, d'objets, de schémas ou de créations personnelles. Peu importe sa nature. Ce qui compte, c'est sa capacité à devenir un ancrage quotidien de ton attention et un aliment pour ta foi.

Un support véritablement efficace agit comme un rappel vivant. Il te reconnecte à ta vision quand le doute s'installe, il recentre ton esprit quand la dispersion menace, et il ravive ta conviction quand l'émotion faiblit. Chaque contact avec lui devient un acte de foi silencieux, une manière de dire à ton cœur : *ce que je poursuis est réel, légitime et déjà en chemin.*

Ne cherche donc pas à imiter un modèle extérieur. Explore, expérimente, ajuste. Laisse-toi guider par ce qui résonne profondément en toi. Car la puissance ne réside pas dans la forme du support, mais dans la relation intérieure que tu entretiens avec lui. C'est cette relation — nourrie par l'attention, scellée par la foi et prolongée par l'action — qui ouvre le passage entre l'invisible et le visible.

Plusieurs supports, une même attention

Il n'existe pas un seul support légitime pour matérialiser ta vision, mais plusieurs portes d'accès vers le même objectif : maintenir ton attention vivante et nourrir une foi inébranlable. Chaque support agit sur une dimension particulière de ton être — l'intellect, l'émotion, la parole, le corps ou l'imagination. À toi de discerner celui, ou ceux, qui résonnent le plus profondément avec ta sensibilité.

Le carnet Vision - Objectifs : l'ancre fondatrice

Le carnet Vision - Objectifs est un support écrit dédié exclusivement à ton intention, ta vision et tes objectifs. Il consiste à rassembler en un seul lieu ton intention, ta vision globale et tes objectifs, afin de leur donner une existence tangible, stable et accessible.

Concrètement, il s'agit d'y poser noir sur blanc ce que tu poursuis : la direction que tu as choisie, les grandes étapes à atteindre et les pas concrets qui t'y conduisent. En écrivant, tu fais descendre ton rêve de l'invisible vers le visible. Tu passes de l'idée flottante à une promesse gravée, relisible et assumée.

Écrire, c'est fixer. Chaque mot inscrit donne une forme durable à ce que ton cœur croit déjà. À chaque relecture, ta conviction s'approfondit et ton esprit se réaligne. Le carnet devient une mémoire externe qui protège ton rêve des doutes, de l'oubli et de la dispersion.

Utilisé régulièrement, il devient une ancre de foi. Chaque mot écrit est une semence. Chaque relecture est un arrosage. Comme Abraham levait les yeux vers les étoiles pour se rappeler la promesse divine, toi tu ouvres ton carnet pour contempler ta vision. Ce n'est plus seulement un outil d'organisation, mais un instrument prophétique qui nourrit ta foi et te ramène, jour après jour, à l'essentiel.

Le *Vision Board* : la vision qui éveille l'émotion

Le *Vision Board* est un support visuel de projection consciente. Il consiste à rassembler, sur un même espace physique ou numérique, des images, des mots, des symboles et parfois des versets qui représentent de manière concrète la vie, les objectifs et l'état intérieur que tu veux manifester.

Concrètement, il ne s'agit pas d'un simple collage esthétique, mais d'une mise en scène intentionnelle de ton futur. Chaque image est choisie non pour ce qu'elle montre objectivement, mais pour l'émotion qu'elle déclenche en toi et pour ce qu'elle signifie spirituellement. Le *Vision Board* traduit ta vision en langage visuel, accessible à ton subconscient.

Là où l'écriture structure la pensée, l'image rend la promesse vivante. En exposant régulièrement ton regard à ces représentations, tu permets à ton esprit d'intégrer ta vision comme une réalité déjà familière. Les images parlent sans effort, sans raisonnement, sans résistance. Elles deviennent des prophéties silencieuses qui nourrissent la foi.

Placée dans ton quotidien, cette vision incarnée agit comme une fenêtre ouverte sur ton futur. Elle maintient ton attention focalisée, éveille l'émotion juste et aligne progressivement tes pensées, tes décisions et tes actions avec ce que tu veux manifester. Comme Dieu montra les étoiles à Abraham pour fortifier sa foi, ton *Vision Board* devient un ciel personnel rempli de promesses. Chaque regard est un rappel. Chaque émotion ressentie est une semence. Et cette répétition renforce ta certitude intérieure.

Les affirmations vocales : la parole qui scelle la foi

Les affirmations vocales sont un support auditif de proclamation consciente. Elles consistent à formuler ta vision et tes objectifs sous forme de déclarations positives, puis à les dire et les entendre régulièrement. Ce que tu fais ici n'est pas de souhaiter, mais de proclamer.

La voix n'est pas neutre. Elle crée. L'Écriture nous rappelle que *« la foi vient de ce qu'on entend »* (Romains 10:17). Lorsque tu entends ta propre voix affirmer ce que tu poursuis, ta parole devient une semence spirituelle et une programmation intérieure. Elle façonne ton subconscient, aligne ton esprit et prépare ton être à agir en cohérence avec ce que tu déclares.

Concrètement, ce support repose sur la répétition auditive. En réécoutant régulièrement des paroles qui expriment ta vision comme une réalité déjà engagée, tu transformes l'espoir diffus en conviction enracinée. Le ton, l'intonation et l'émotion de ta voix ajoutent une charge affective qui renforce la foi et rend la promesse intérieurement crédible.

Utilisées dans le quotidien, les affirmations vocales deviennent un écho prophétique qui t'accompagne. Elles recentrent ton esprit dans les moments de dispersion, ravivent ta foi dans les temps de doute et maintiennent ton attention alignée avec ta vision. Chaque écoute est un rappel. Chaque parole est une pierre posée sur le chemin de la manifestation.

Ainsi, là où le carnet fixe la vision et où l'image l'éveille, la voix la scelle. Comme Abraham contemplait les étoiles pour se souvenir de la promesse, toi tu prêtes l'oreille à ta propre parole pour entendre, encore et encore, la vision que Dieu a déposée en toi — jusqu'à ce qu'elle devienne évidente, naturelle et vivante.

Le support artistique : la vision incarnée par la créativité

Le support artistique est un outil de matérialisation créative. Il consiste à représenter ta vision et tes objectifs à travers des dessins, des croquis, des schémas ou des cartes mentales illustrées. Ici, tu ne te contentes plus d'écrire ou de regarder ; tu crées. Tu engages ton imagination, ton corps et ton émotion dans un même acte.

L'art est un langage qui dépasse les mots. Là où l'écriture structure la pensée et où l'image inspire, le dessin permet d'exprimer la vision de manière intuitive, personnelle et émotionnelle. En transformant tes objectifs en formes, en couleurs et en symboles, tu donnes à ton rêve une signature visuelle unique qui parle directement à ton subconscient.

Concrètement, ce support peut prendre la forme de croquis simples, de cartes mentales illustrées, de scènes dessinées ou de symboles abstraits. Peu importe la qualité artistique ; ce qui compte n'est pas l'esthétique, mais le sens. Même un dessin rudimentaire possède une force symbolique lorsqu'il est chargé d'intention et de foi.

En dessinant toi-même, tu incarnes la vision par le geste. Chaque trait devient une déclaration silencieuse, chaque couleur une émotion, chaque symbole une promesse. Le support artistique agit ainsi comme une visualisation active : tu ne fais pas que voir ton futur ; tu le façonnes intérieurement.

Utilisé régulièrement, il stimule la créativité, renforce la mémorisation et crée un lien intime avec ta vision. Comme Dieu donna à Abraham des images concrètes pour fortifier sa foi — les étoiles, le sable — toi tu crées tes propres images pour nourrir ta conviction. Ton croquis devient alors, une preuve anticipée de ce qui est à venir, un pont vivant entre ton imagination et ta foi.

Le sanctuaire numérique : sanctifier l'espace du quotidien

Le sanctuaire numérique est un support de manifestation intégré à ton environnement quotidien. Il consiste à transformer les outils que tu utilises le plus — téléphone, ordinateur, tablette — en espaces de rappel conscient de ta vision. Là où ton attention est souvent sollicitée par le monde extérieur, tu choisis d'y inscrire intentionnellement ta promesse intérieure.

Concrètement, ce support prend la forme de fonds d'écran porteurs de sens, d'images symboliques, de phrases clés ou d'affirmations. Ils sont associés à des rappels programmés qui apparaissent à des moments stratégiques de la journée. Chaque notification devient alors une interruption sacrée, un appel discret mais régulier à revenir à l'essentiel.

Le sanctuaire numérique agit par la répétition douce. Sans effort volontaire, il réoriente ton regard, réaligne ton esprit et ravive ta foi au cœur même de tes activités ordinaires. Ce que tu voyais autrefois comme un outil de distraction devient un instrument de recentrage et de consécration.

En sanctifiant ton espace numérique, tu refuses que ton attention soit livrée au hasard. Tu choisis ce qui entre dans ton esprit et ce qui façonne ton intérieur. Chaque rappel visuel ou auditif devient une semence. Chaque retour à l'image ou à la parole renforce la conviction que ta vision est vivante, active et déjà en marche.

Ainsi, même au milieu du bruit, des urgences et des écrans, tu crées un espace de silence intérieur. Un lieu où ta vision te parle, jour après jour. Un sanctuaire discret, mais puissant, où l'invisible continue de prendre forme dans le visible.

L'objet-mémoire et le gadget intentionnel : la vision incarnée dans la matière

L'objet ou le gadget intentionnel est un support de matérialisation tactile. Il consiste à choisir, à porter ou à disposer, dans ton environnement immédiat, un élément physique qui symbolise un aspect crucial de ta vision. Ici, la vision quitte le domaine du concept, de l'image ou du son pour acquérir un poids, une texture et une présence physique. Elle devient quelque chose que tu peux saisir, toucher et sentir.

Le toucher est l'un des sens les plus archaïques et les plus puissants pour ancrer une certitude. Là où le carnet structure et le *Vision Board* inspire, l'objet, lui, atteste. Il sert de pont entre le monde invisible de tes aspirations et la réalité concrète de ton quotidien. En tenant cet objet, tu donnes à ton cerveau et à ton esprit le signal que ta vision n'est pas une simple fiction, mais une réalité en cours d'incarnation.

Concrètement, ce support peut prendre des formes variées : une clé sur ton bureau symbolisant l'ouverture d'une nouvelle porte, un bracelet porteur d'un mot-clé, une pierre polie représentant la solidité de ta foi, ou même un vêtement spécifique qui évoque l'identité de celui que tu deviens. Ce n'est pas la valeur marchande de l'objet qui importe, mais la charge symbolique que tu y as déposée. Il devient un « mémorial portatif ».

Placé dans ton champ d'action — sur ta table de nuit, dans ta poche ou sur ton plan de travail — l'objet agit comme une sentinelle physique. À chaque fois que ta main le frôle ou que ton regard se pose sur lui, il provoque un rappel instantané. Il court-circuite les raisonnements complexes pour ramener ton attention à l'essentiel en une fraction de seconde. Il est une ancre qui t'empêche de dériver lorsque les vents du doute ou de la fatigue se lèvent.

Utilisé avec intention, l'objet devient un instrument de rappel. Comme Josué demandant au peuple de dresser des pierres après la traversée du Jourdain pour que chaque regard sur elles raconte la fidélité de la promesse, ton objet-mémoire devient un témoin silencieux de ta trajectoire. Il te rappelle que, tout comme cet objet existe ici et maintenant entre tes mains, ta vision possède déjà sa propre substance. Chaque contact physique est un acte de réaffirmation, une manière de dire : *« Ce que j'espère est aussi réel que ce que je touche. »*

Il est crucial de comprendre que ces objets n'ont aucune vertu magique ou ésotérique. Il ne s'agit pas de talismans. Une clé posée sur un bureau ne possède pas le pouvoir mystique d'ouvrir des portes ; elle n'est qu'un instrument de rappel et un outil psychologique destiné à captiver et à fixer ton attention. Le pouvoir réside dans ton alliance avec Dieu et dans ton action, pas dans la matière.

5.1.2. L'alchimie des supports : une liberté au service de ta foi

Cette liste de supports n'est pas une enceinte fermée, mais une porte ouverte sur l'infini de ta créativité. L'Esprit n'est pas limité par la forme ; il utilise tout ce que tu acceptes de lui offrir comme canal. Ton quotidien regorge d'autres supports potentiels : une playlist musicale dédiée, un vêtement particulier, un parfum qui évoque ton futur, ou même un rituel de marche quotidienne. La seule règle est celle de la résonance : le meilleur support est celui qui parvient à captiver ton attention et à faire vibrer ta certitude intérieure.

L'unité dans la diversité. Tu es libre de choisir ta propre voie. Pour certains, un support unique — comme un carnet tenu avec une discipline de fer — sera suffisant pour ancrer la vision. Pour d'autres, c'est la combinaison de plusieurs supports qui créera l'écosystème nécessaire pour saturer l'esprit de la promesse et ne laisser aucune place au doute. Combiner les supports, c'est créer une symphonie où chaque instrument joue la même mélodie sous un angle différent. C'est assiéger tes sens pour que, peu importe où ton regard se pose ou ce que tes mains touchent, la vision te soit rappelée.

Le choix t'appartient. Ne cherche pas la perfection de la méthode, mais la sincérité de l'engagement. Que tu choisisses un seul outil ou une panoplie complète, l'essentiel demeure le même : maintenir ton attention vivante jusqu'à ce que la vision devienne une évidence. Comme les étoiles pour Abraham, ces supports ne sont là que pour te rappeler ce qui est déjà en marche.

5.2. La foi Inébranlable comme clé de la manifestation

Entre le rêve et sa réalisation, il existe une force invisible qui détermine si ton projet restera une idée ou deviendra une réalité : la foi inébranlable.

La foi n'est pas une simple croyance vague ou un espoir fragile. Elle est une conviction profonde, une assurance intérieure qui refuse le doute et qui agit comme un moteur créateur. Sans elle, l'intention reste une pensée, la vision demeure une image, et les objectifs ne sont que des mots. Avec elle, tout ce que tu portes dans ton esprit se transforme en une énergie vivante qui attire, aligne et matérialise.

La foi inébranlable est la puissance qui te pousse à agir comme si tu avais déjà reçu ce que tu espères. Ce n'est pas seulement ton plan stratégique qui garantit la réussite, mais la force émotionnelle et spirituelle avec laquelle tu habites déjà ton futur. Car ce que tu vis intérieurement avec intensité, tu finis toujours par le manifester extérieurement.

Rappelle-toi :

- Ton intention te positionne comme un canal d'abondance (chapitre 1).
- Ta vision intègre tes désirs les plus profonds et authentiques (Chapitre 2),
- Tes objectifs traduisent ton ambition (chapitre 3 et 4).

Tout cela (abondance, désir, ambition) peut sembler lointain ou inaccessible, mais tu dois y croire et vivre comme si tu avais déjà reçu ce que tu recherches. Ressens-le, incarne-le, marche comme si c'était déjà accompli.

Ton environnement actuel peut te pousser au doute, mais tu n'es pas limité par ce que tu vois. Tu as avec toi Dieu, capable de tout te donner, à condition que tu manifestes une foi inébranlable. Je ne te demande pas d'ignorer ta situation présente, mais de te construire un mental de fer, de commencer à définir qui tu es à partir de ce que tu veux devenir.

C'est pourquoi la matérialisation de tes rêves sur des supports est essentielle (carnet, tableau de vision, schéma) est utile. Ces outils créent autour de toi un environnement nouveau qui ne reflète plus seulement ton présent, mais surtout ton futur. Ils te rappellent chaque jour qui tu es dans cette réalité que tu commences déjà à expérimenter intérieurement.

Ose voir et sentir chaque jour la victoire, la prospérité, l'abondance et la paix. Plus tu nourris ton esprit de ces images, plus elles deviennent ta nouvelle identité. Tu ne te contentes pas de rêver : tu conditionnes ton être à vivre déjà ce futur. Change ton discours, change tes pensées, change tes sentiments à propos de ta vie. Tu deviens ce que tu vois. Et lorsque tu choisis de voir la grandeur, tu déclenches le processus qui te conduit inévitablement vers elle.

La Bible définit la foi comme « *une ferme assurance des choses qu'on espère, une démonstration de celles qu'on ne voit pas* » (Hébreux 11:1). La foi n'est donc pas une simple croyance intellectuelle, mais une conviction vibrante et ressentie. Elle est une émotion profonde qui te fait marcher comme si tu avais déjà reçu ce que tu espères.

5.2.1. La femme à la perte de sang – la foi qui arrache la victoire

Pendant douze années, cette femme souffrait d'une perte de sang incurable. Les médecins avaient échoué, ses ressources étaient épuisées, et l'espoir humain semblait disparu. Mais dans son esprit, elle avait enraciné une conviction absolue :

« Car elle disait en elle-même : Si je puis seulement toucher son vêtement, je serai guérie. » Matthieu 9:21

Cette précision est capitale : « *elle se disait en elle-même* ».

Cela signifie qu'elle avait gravé cette pensée dans son imagination et qu'elle se la répétait constamment. Elle nourrissait son subconscient de cette image, elle la voyait, elle y croyait, elle la ressentait. Elle se visualisait régulièrement cette scène : Jésus passant, elle s'approchant, et sa guérison éclatant au moment du contact.

Son imagination, ses émotions et sa foi étaient déjà alignées sur cette réalité. Elle avait déjà reçu la guérison dans son cœur avant de la recevoir dans son corps. Sa préparation mentale et émotionnelle était si forte, sa conviction si absolue, qu'elle ne pouvait que manifester extérieurement ce qu'elle vivait intérieurement.

Et lorsque Jésus passa, elle fit tout pour le toucher. Au milieu de la foule qui le bousculait, son geste fut différent : il était chargé d'une foi inébranlable. Jésus sentit la puissance de cette foi jaillir :

« Quelqu'un m'a touché… »

Et il lui déclara :

« Ma fille, ta foi t'a sauvée. » Matthieu 9:22

Cet épisode révèle une loi universelle : ce que tu crois profondément, ce que tu visualises avec intensité, ce que tu répètes en toi-même avec conviction, finit par se manifester dans ta réalité. La foi n'est pas une attente passive, mais une force créatrice qui arrache la promesse et la rend tangible.

5.2.2. La foi Inébranlable : condition absolue de la manifestation

Ce témoignage révèle une loi universelle : croire avant de voir. La foi véritable n'attend pas les preuves visibles pour agir ; elle vit déjà intérieurement la promesse comme accomplie. Jésus lui-même l'a affirmé :

« Heureux ceux qui croient sans avoir vu. » Jean 20:29

Ainsi, la foi inébranlable n'est pas une option, mais une condition absolue pour manifester ton intention, ta vision et tes objectifs. Elle est la ferme assurance des choses que l'on espère, la démonstration de celles que l'on ne voit pas (Hébreux 11:1).

C'est pourquoi tu es appelé à focaliser en permanence ton attention sur ce que tu as matérialisé : ton carnet, ton tableau de vision, tes schémas ou tout autre support choisi. Ces supports ne sont pas de simples outils : ils sont des ancres spirituelles qui entraînent ton esprit et tes émotions à vivre déjà ce futur avec intensité. Chaque lecture, chaque contemplation, chaque répétition grave plus profondément ta vision dans ton subconscient, jusqu'à ce qu'elle devienne une conviction absolue.

Et lorsque cette conviction est enracinée, elle agit comme un pilote automatique : tes pensées, tes émotions et tes actions s'alignent naturellement avec ton objectif. Tu ne vis plus dans l'attente, mais dans l'incarnation intérieure de ton succès. Et parce que tu le vis déjà en toi, la réalité extérieure finit par se plier à ton état intérieur.

CHAPITRE 6

L'ACTION : INCARNER L'ALLIANCE

Introduction : de la vision à l'incarnation – le pouvoir du quatrième pilier

Dans le mouvement des quatre piliers que nous avons parcouru, l'action n'est pas le point de départ, mais l'aboutissement sacré. Si l'Intention a purifié votre source (Vouloir), si la Stratégie a tracé votre route (Planifier) et si la Foi a libéré votre puissance intérieure (Croire), l'Action est le moment où l'invisible accepte enfin de devenir matière.

Incarner l'alliance, c'est transformer vos convictions en gestes. C'est le signal envoyé au Ciel que vous ne vous contentez plus de rêver ou de prévoir, mais que vous êtes prêt à recevoir. Sans ce quatrième pilier, les trois précédents restent des nuages sans pluie : magnifiques à observer, mais incapables de fertiliser la terre.

L'action, telle que nous l'abordons ici, n'est pas une agitation fébrile pour « forcer » le destin. Elle est le sceau de votre fidélité. C'est une coopération consciente avec la providence. En posant un acte — aussi modeste soit-il —, vous offrez un canal concret à l'abondance que vous avez déjà appelée par votre esprit et votre cœur.

Dans ce chapitre, nous allons voir comment agir sans s'épuiser, comment transformer chaque tâche en une prière agissante et comment faire de ton quotidien le terrain de manifestation de ta mission.

6.1. L'action discrète : l'exécution des OCT et le principe de la fin

L'erreur la plus fréquente après l'étape de l'ancrage est l'inertie. Beaucoup attendent l'opportunité « parfaite », le financement « complet » ou les ressources « idéales » pour agir à la hauteur de leur vision. Mais cette attente est un piège : elle place les circonstances humaines au-dessus de la coopération divine.

Dieu, au contraire, teste souvent ta fidélité dans les commencements modestes. Il ne demande pas l'impossible à tes mains, mais la constance dans le possible que tu possèdes déjà. C'est là que commence l'exécution concrète de tes Objectifs à Court Terme (OCT) : ces petites semences quotidiennes qui préparent la moisson future.

Le contexte de Zacharie 4:5-10

Le prophète Zacharie s'adresse à Zorobabel, gouverneur de Juda, chargé de rebâtir le Temple après l'exil. La tâche était immense, les ressources limitées, et les oppositions nombreuses. Pourtant, Dieu lui donne cette promesse :

« Les mains de Zorobabel ont fondé cette maison, et ses mains l'achèveront… Car ceux qui méprisaient le jour des faibles commencements se réjouiront en voyant le niveau dans la main de Zorobabel. » *Zacharie 4:9-10*

Ce passage est un appel à *rêver grand mais commencer petit.* Dieu rappelle que la grandeur d'une œuvre ne se mesure pas à ses débuts visibles, mais à la fidélité de celui qui persévère. Les « faibles commencements » ne sont pas un signe de médiocrité, mais le terrain d'entraînement où la foi se muscle et où l'action discrète prépare l'accomplissement.

Le principe de la fin

Agir selon le Royaume, c'est marcher en portant déjà la fin dans ton cœur. Tu gardes devant toi la vision DAP (Désir, Amour, Potentiel) et l'Objectif à Long Terme (OLT) comme une boussole, tu les vis par la foi dans ton imagination et dans tes émotions, comme si la promesse était déjà accomplie.

Mais en même temps, tu honores l'étape présente, celle qui est à ta portée aujourd'hui. Tu sais clairement où tu vas, mais tu acceptes humblement de commencer par ce qui est petit, concret et disponible, sachant que chaque pas fidèle rapproche l'invisible du visible.

Chaque OCT exécuté est une pierre posée sur le chemin de ton OLT. Ce sont ces gestes modestes — envoyer un mail, rédiger un plan, épargner une somme, rencontrer une personne clé — qui, accumulés, bâtissent l'édifice de ta vision.

Le secret de la fidélité

Ne méprise jamais les petites actions. Elles sont comme les coups de marteau invisibles qui façonnent une cathédrale. Dieu ne multiplie pas ce que tu attends, mais ce que tu entreprends. La grandeur de ta vision se manifeste lorsque tu honores les commencements, car c'est dans le discret que s'éprouve ta fidélité.

Ainsi, le chemin vers ton OLT passe inévitablement par la réalisation disciplinée de tes OCT. Prends la liste d'actions que tu as établie au

Chapitre 4 et commence à les barrer une par une. Chaque pas, aussi petit soit-il, est une déclaration silencieuse de ta foi en l'accomplissement final.

Ta Vision (OLT) demande...	**Ton Action Discrète (OCT) commence par...**
Tu veux une entreprise internationale ?	Commence par vendre à une personne. Traite ce premier client comme le client d'un grand compte.
Tu veux diriger une grande équipe ?	Commence par gérer un projet avec excellence. Gère ton temps personnel et tes finances avec discipline.
Tu veux que les portes s'ouvrent ?	Commence par frapper. Envoie cet e-mail, passe cet appel, prends cette formation.
Tu rêves d'un livre publié ?	Commence par écrire le premier paragraphe, ou même juste le plan détaillé du premier chapitre.

Le langage de la foi : un signal au ciel

Chaque petite action que tu poses, chaque Objectif à Court Terme (OCT) que tu commences à exécuter, n'est jamais insignifiant. Aux yeux du ciel, c'est une déclaration silencieuse mais puissante : *« Je suis prêt pour la suite. »* Tes gestes quotidiens deviennent des preuves vivantes de ta maturité et de ta détermination.

Ces premières étapes ne sont pas de simples tâches administratives ou des détails pratiques. Elles sont le langage de ta foi, le dialecte par lequel ton cœur parle à Dieu et au monde. Chaque acte posé malgré le manque apparent de ressources est une proclamation : *« Je crois que la vision s'accomplira, et je choisis d'avancer. »*

Lorsque tu agis dans le peu, tu déclenches le principe de la coopération divine. Tu as fait ta part — tu as planté. Et en plantant, tu montres que tu es digne de la multiplication qu'Il a promise — car c'est Dieu qui arrose et qui fait croître.

L'action discrète est l'expression d'une foi qui ne se contente pas de spéculer ou de rêver, mais qui agit. Elle est la preuve que tu refuses de rester dans l'abstraction. Elle est le sceau qui distingue celui qui parle d'abondance de celui qui marche réellement dans l'abondance.

Chaque OCT exécuté est comme une pierre posée dans l'édifice de ton futur. C'est une semence qui crie au ciel : *« Seigneur, je crois en ta promesse, et je la rends visible par mes mains. »* Et le ciel répond toujours à ce langage, car la foi sans œuvres est morte, mais la foi accompagnée d'actions devient irrésistible.

6.2. Le principe de la coopération divine : semer pour la moisson

Tu n'es pas appelé à porter seul le poids de ta destinée, mais à la vivre en coopération avec la puissance divine. La Bible établit une distinction claire des responsabilités : l'homme sème, et Dieu fait croître. C'est la loi intangible de la semence, une loi qui traverse les âges et qui ne peut être annulée.

Souviens-toi : ta vision et tes objectifs sont si vastes qu'ils provoquent en toi à la fois un vertige et une conviction. Ce mélange est le signe que tu es sur le bon chemin. Car si tu pouvais tout accomplir par tes propres forces, sans l'aide de Dieu, ton objectif serait trop petit, trop humain. Mais lorsque ta vision te pousse à dire : *« Seigneur, sans Toi, c'est impossible. Mais avec Toi, tout est possible »*, alors tu es exactement là où tu dois être : dans le territoire de la foi, là où l'homme agit et où Dieu multiplie.

La grandeur qui exige la foi

Une vision authentique est toujours plus grande que tes moyens actuels. Elle t'oblige à sortir de la logique du contrôle et à entrer dans la logique de la dépendance divine. Elle t'arrache à la suffisance personnelle pour t'ancrer dans la provision céleste. C'est ainsi que Dieu s'assure que ta réussite ne sera pas seulement le fruit de tes talents, mais le témoignage de Sa grâce.

La part de l'homme et la part de Dieu

Ta foi doit maintenant se traduire en action. Tu es appelé à réaliser ce qui est possible à ton niveau : poser les gestes concrets, exécuter les OCT, planter les semences visibles. C'est dans cette obéissance pratique que tu découvriras la grâce de Dieu, car Lui seul accomplira ce qui dépasse ton pouvoir.

Dieu ne fait jamais croître ce qui n'a pas été semé. Il ne multiplie pas le néant, mais ce que tu Lui confies. Ton rôle est de planter avec fidélité ; Son rôle est de faire germer et fructifier. Tu dois donc t'engager d'abord à faire ce qui est en ton pouvoir, et Dieu secondera ta bonne volonté en ouvrant les écluses du ciel.

Ainsi, la coopération divine n'est pas une abdication de tes responsabilités, mais une alliance : tu fais ce qui est possible, et Dieu fait ce qui est impossible. Tu sèmes dans le champ de ton quotidien, et Lui envoie la pluie, le soleil et la croissance. Tu poses la pierre, et Lui bâtit l'édifice. Tu tends la main, et Lui ouvre les portes

L'architecture invisible de Dieu : quand le ciel orchestre tes pas

Pour illustrer comment le ciel répond à une intention claire, une attention soutenue et une action engagée, permets-moi de partager une expérience personnelle qui demeure pour moi un témoignage vivant de l'orchestration divine.

En décembre 2012, alors que j'étais Coordonnateur de Programmes d'une organisation internationale à Farchana, dans l'Est du Tchad — où nous travaillions pour l'éducation scolaire des enfants et des jeunes réfugiés soudanais — j'ai fixé mes Objectifs à Court Terme (OCT) pour l'année suivante. Parmi eux figurait un objectif professionnel précis : *« Développer un anglais professionnel suffisant pour servir aussi bien dans un contexte francophone que dans un contexte anglophone. »*

À ce moment-là, mon travail se faisait à environ 70 % en français et 30 % en anglais. J'avais pris la décision d'agir concrètement pour améliorer mon niveau, convaincu que cette compétence serait un levier pour ma mission.

Trois mois plus tard, la Providence a ouvert une porte inattendue : j'ai été promu Directeur-Pays Tchad de cette même organisation. Et soudain, la tendance linguistique s'est inversée. Mes nouvelles fonctions exigeaient désormais 70 % d'anglais et seulement 30 % de français. Mes rapports et les réunions à distance avec le siège au Royaume-Uni se faisaient entièrement en anglais, sans parler de la Directrice des Finances, ma collaboratrice directe, qui ne parlait que l'anglais. Un mois après cette promotion, j'ai même dû préparer et présenter une communication lors d'une table ronde à Washington D.C., où toutes les interventions se déroulaient en anglais.

Ces nouvelles responsabilités m'ont plongé dans un environnement professionnel et linguistique qui m'a presque contraint, à la fin de l'année, à atteindre l'objectif initial que j'avais fixé. Apprendre et travailler en anglais n'étaient plus une option, mais une nécessité vitale. Ce défi, qui aurait pu sembler insurmontable quelques mois plus tôt, est devenu l'occasion parfaite pour concrétiser l'objectif que j'avais inscrit noir sur blanc.

Ce témoignage révèle une vérité profonde : j'avais posé objectif clair, j'avais nourri cette intention par mon attention et mes efforts (action), et Dieu a orchestré l'impossible en créant des conditions qui m'ont presque forcé à atteindre mon objectif. Non seulement j'ai réalisé ce que j'avais fixé, mais j'ai franchi un palier de carrière que je n'avais pas imaginé dans l'immédiat. La promotion fut le bonus inattendu, mais parfaitement orchestré par le Seigneur pour m'aider à atteindre mon objectif.

6.3. Faire du bien autour de soi : la loi invisible qui accélère ta destinée

« Partout où il passait, il faisait du bien. » Actes 10:38. Cette phrase résume la vie de Jésus, mais elle définit aussi une stratégie de vie supérieure. Jésus n'a pas seulement accompli des miracles spectaculaires destinés aux foules ; il a semé des gestes de bienveillance. Cette attitude qu'Il nous enseigne révèle une loi spirituelle puissante : le bien que tu fais, sans calcul, devient une semence qui agit en ta faveur, parfois de manière surprenante.

Tous les développements précédents t'ont appris à clarifier ton intention, à bâtir ta vision et à poser des actions stratégiques pour atteindre tes objectifs. Mais il existe une autre forme d'action, tout aussi décisive : faire le bien autour de toi, avec un cœur pur et désintéressé. Cette pratique n'est pas un détour ; elle est souvent le raccourci le plus rapide vers ta destinée.

6.3.1. La récolte inattendue d'un geste ordinaire

Je me souviens d'un épisode de ma vie qui, avec le recul, illustre parfaitement cette loi invisible du Royaume : le bien que tu fais, même discrètement, devient la graine d'une opportunité que Dieu prépare pour toi.

À l'époque, je vivais à Abidjan. Un ami proche, plongé dans un travail de recherche en histoire et relations internationales, m'avait demandé de l'aider. Il savait que j'étais en fin d'études de Lettres modernes, et il avait besoin d'un regard attentif pour améliorer la syntaxe, alléger ses phrases et rendre son texte plus fluide. Son style était brillant mais souvent dense, et il m'avait sollicité pour l'aider à restructurer ses idées afin que son travail gagne en clarté.

Je n'ai jamais perçu cette demande comme un « travail » — encore moins comme une opportunité. Pour moi, c'était simplement un geste d'amitié, un don de temps, de compétence, de cœur. J'ai relu son document, corrigé, restructuré, simplifié, éclairci. Sans rien attendre. Sans imaginer une seconde que cette petite semence allait produire une récolte. Quelques mois plus tard, son travail a rencontré un réel succès auprès d'une représentation diplomatique qui le sollicitait désormais régulièrement pour des consultances. Et puis un jour, cette même institution cherchait à recruter quelqu'un pour un poste très spécifique : rédaction de courriers diplomatiques, revues de textes, corrections et reformulations.

Exactement mon domaine.

Exactement ce que je savais faire.

Exactement ce que je désirais.

Ils ont demandé à mon ami s'il connaissait quelqu'un. Il n'a pas réfléchi une seconde : il a donné mon nom. Il m'a mis en contact, j'ai soumis ma candidature — et j'ai été retenu. À ce moment-là, j'étais sans emploi. Je venais tout juste d'entrer dans une nouvelle étape de ma vie : celle où je commençais à me fixer des objectifs, à clarifier ma vision, à orienter mon projet professionnel vers le domaine des relations internationales. Et voici que, sans même chercher, je tombe sur une opportunité qui correspondait exactement à mon désir, à mon plan et à ma vision.

Je n'aurais jamais pu orchestrer cela moi-même. Je n'aurais jamais pu forcer cette porte à s'ouvrir. Je n'aurais jamais pu prévoir une synchronisation aussi parfaite. Aujourd'hui, je comprends clairement ce que Dieu faisait : Il a utilisé mon geste désintéressé comme une semence — une semence de service, une semence d'amour, une semence d'excellence — et Il l'a transformée en une connexion, une recommandation, une porte ouverte et un poste — exactement là où mon chemin (tel que défini aux chapitres 3 et 4) me conduisait.

Ce témoignage a ancré en moi une conviction profonde :

Rien de ce que tu fais par amour ne se perd. Chaque acte de service devient une graine dans le sol de la destinée. Dieu utilise ce que tu fais pour les autres afin d'ouvrir ce qu'Il prépare pour toi.

6.3.2. Le principe universel : ce que tu fais circuler revient vers toi

Dans toutes les traditions — bibliques, spirituelles, économiques, psychologiques — on retrouve la même loi : la vie réagit à ce que tu fais pour les autres.

- « On récolte ce que l'on sème » (Galates 6:7).
- « Donnez, et il vous sera donné » (Luc 6:38).
- En psychologie, c'est le principe de la réciprocité (Cialdini).

- En économie, c'est la loi du capital social. Ce que tu offres crée un réseau d'opportunités invisibles.
- En développement personnel, c'est la loi du retour, la dynamique énergétique du don.

La vie est construite de telle manière que tu n'avances jamais seul : chaque porte qui s'ouvre est tenue par une main humaine que Dieu a placée sur ton chemin. Faire du bien, c'est semer des mains qui, un jour, ouvriront des portes que tu n'aurais jamais pu forcer toi-même.

Pourquoi la générosité et la bienveillance accélèrent ta destinée?

- **Elle change ton niveau vibratoire (psychologie et neurosciences)** - La gentillesse active les zones du cerveau liées à la créativité, à l'intelligence relationnelle, à la prise de décision, à la persévérance. Tu deviens plus clair, plus inspiré, plus efficace.
- **Elle élargit ton réseau invisible (sociologie)** - Chaque acte de bienveillance crée un témoin, un souvenir, une loyauté, une recommandation future. Tu crées du capital social. De plus grandes opportunités sont cachées dans des relations que tu n'as pas encore rencontrées.
- **Elle te positionne comme solution, pas comme demandeur** – Le monde ouvre toujours les portes aux porteurs de solutions. En faisant du bien, tu deviens quelqu'un qui apporte de la valeur, de la paix, de la joie, de l'écoute ou du soutien. Ta présence devient recherchée — et donc tes projets aussi.
- **Elle attire la providence (loi spirituelle)** – Lorsque tu deviens une source, Dieu devient ton réservoir. Il soutient ceux qui soutiennent les autres. La générosité est l'un des moyens les plus rapides d'attirer l'intervention divine.

Le bien que tu fais revient toujours par une autre porte. Ce n'est pas toujours que la personne à qui tu fais du bien soit celle qui te bénira en retour. C'est le principe du bien en circulation.

Tu donnes ici.

Tu sèmes là.

Tu encourages ailleurs.

Tu aides discrètement.

Et soudain — un jour où tu ne t'y attends pas — Dieu envoie quelqu'un d'autre pour t'ouvrir une porte que tu n'aurais jamais pu imaginer.

Dans le Royaume, rien de ce que tu fais par amour ne se perd.

Tout circule.

Tout revient.

Tout se multiplie.

Pourquoi la bienveillance doit être une stratégie, pas un geste occasionnel? Parce que :

- il y a des bénédictions qui ne se débloquent qu'en devenant une source ;
- il y a des portes qui ne s'ouvrent qu'aux cœurs propres ;
- il y a des vitesses qui ne s'activent que pour ceux qui servent ;
- il y a des destinées qui ne se libèrent qu'à force de donner.

Ce que tu fais pour les autres prépare ce que Dieu fera pour toi.

La loi invisible de l'accélération

Tu accélères ta destinée lorsque tu :

- fais du bien volontairement,
- sèmes dans la vie de quelqu'un,
- soutiens l'œuvre de Dieu,
- deviens une source de lumière,
- multiplies la paix autour de toi,
- offres ton talent, ton réseau ou tes ressources,
- encourages quelqu'un qui allait abandonner.

Parce que dans le Royaume :

- La bienveillance est une vitesse.
- Le service est une stratégie.
- L'amour est un raccourci.
- La destinée ne répond pas à la compétition, mais à la contribution.

La bienveillance qui change une destinée : Exemples d'histoires

L'histoire de l'homme qui paye un taxi… et devient millionnaire

Il y a quelques années, un homme du nom de James, entrepreneur débutant à Lagos, sortait d'une conférence tard le soir. À l'extérieur, il voit un jeune étudiant sans argent, bloqué, incapable de rentrer chez lui. Sans réfléchir, James paie sa course. Le montant est insignifiant.

Le jeune, touché, lui dit : *« Un jour, je te le revaudrai. »*

James balaie cela d'un geste : « Sers quelqu'un d'autre quand tu pourras. »

Dix ans plus tard, James cherche un investisseur pour lancer une plateforme de paiement mobile. Il passe devant un comité d'investissement, épuisé, à deux doigts d'abandonner.

Le président du comité l'interrompt : « *Je vous connais. C'est vous qui m'aviez payé un taxi il y a dix ans. Aujourd'hui, c'est à moi de vous ouvrir la porte.* »

Résultat : 1 million de dollars d'investissement.

Un geste banal, revenu par une autre porte.

La professeure qui a changé la destinée d'un enfant pauvre

En 1992, une institutrice à Kinshasa remarque un élève brillant mais affamé chaque matin.
Elle commence à lui apporter un petit pain discret à chaque pause. Cet enfant, c'était Dr Denis Mukwege, futur prix Nobel de la paix. Il lui a dédié un chapitre entier de ses mémoires. Il écrit : « *Elle n'a pas nourri mon ventre. Elle a nourri mon destin.* » La bienveillance n'est jamais petite.

Le chauffeur qui a aidé un inconnu… qui n'était pas un inconnu

À Abidjan, un chauffeur de taxi, Gervais, voit un homme en difficulté qui n'arrivait pas à retirer de l'argent à un distributeur. Il devait aller à l'aéroport. Gervais lui fait confiance et le conduit, sans paiement. Ce voyageur était un dirigeant d'une grande entreprise de télécom. Deux semaines plus tard, il fait venir Gervais au siège et lui propose un contrat exclusif pour transporter les cadres de sa société. Gervais passe d'un taxi en location à une petite flotte de véhicules en moins de dix-huit mois. Parce que la bonté ouvre des portes que le diplôme ne peut pas ouvrir.

Ces histoires ne sont pas des miracles isolés. Elles montrent une loi :

Lorsqu'un acte de bienveillance sort de ton cœur, une porte s'ouvre quelque part dans le monde.

Tu ne sais pas quand.

Tu ne sais pas où.

Mais Dieu, Lui, sait comment multiplier les semences que tu plantes dans l'ombre.

Faire du bien autour de soi n'est pas une faiblesse.

C'est une stratégie d'élévation.

C'est une accélération.

C'est une loi du Royaume.

6.3.3. La dîme : l'alignement du cœur avec la source de l'abondance

Dans notre quête d'une prospérité qui ne sacrifie pas l'âme, la dîme n'est ni une taxe religieuse, ni une simple règle de gestion. Elle est le geste prophétique par lequel nous déclarons que Dieu est le propriétaire de tout ce que nous possédons. C'est un acte d'alignement qui transforme nos revenus en une semence de bénédiction.

Dieu est la Source, ton travail n'est qu'un canal

Pour bâtir une abondance durable sans perdre son âme, il est crucial de ne pas se tromper de cible. L'une des plus grandes illusions du monde moderne est de croire que notre sécurité dépend de notre emploi, de nos clients ou de l'état du marché. Il existe une distinction vitale entre la source et le canal.

Dieu est ta seule et unique source. Ton travail, tes investissements ou ton entreprise ne sont que des canaux que tu as définit et par lesquels Il collabore avec toi pour faire couler Sa provision.

Pourquoi cette nuance change-t-elle tout ?

- **Si ton travail est ta source**, ta paix intérieure est fragile. Tu te dis : si je perds cette activité, je perds tout. Tu vis alors dans une peur constante, une tension qui épuise ton âme.
- **Si Dieu est ta source**, et qu'un canal se ferme (un licenciement, une crise, un contrat perdu), tu ne paniques pas. Tu sais que le Propriétaire du fleuve est capable d'ouvrir un nouveau canal, plus large et plus profond, pour te rejoindre.

L'apôtre Paul l'affirmait avec une certitude absolue :

« Et mon Dieu pourvoira à tous vos besoins selon sa richesse, avec gloire, en Jésus-Christ » Philippiens 4:19.

Notes bien qu'il ne dit pas « *votre patron pourvoira* », mais « mon Dieu ».

Mettre sa confiance dans l'argent, c'est construire sur du sable.

Mettre sa confiance en Dieu, c'est s'appuyer sur le Rocher des siècles.

C'est dans cette posture de détachement que la dîme prend tout son sens : elle est le test de notre sécurité. En rendant à Dieu ce qui Lui appartient, nous Lui disons : *« Seigneur, je reconnais que ce n›est pas ce travail qui me fait vivre, c›est Toi. »*

Une alliance de gratitude, bien avant la Loi

Bien avant que les commandements ne soient gravés dans la pierre, la dîme était déjà le langage de la reconnaissance. Lorsqu'Abraham revint de la victoire, il remit la dîme de tout à Melchisédek (Genèse 14:20), reconnaissant que sa réussite venait du Très-Haut. Plus tard, Jacob, dans un élan de confiance absolue, fit ce vœu au milieu de son désert : *« Je te donnerai la dîme de tout ce que tu me donneras »* Genèse 28:22. La dîme est, dès son origine, la réponse d'un cœur saisi par la provision divine.

Une part consacrée à l'Éternel

La Bible nous rappelle que la dîme n'est pas un don que nous faisons à Dieu, mais une part qui Lui appartient déjà. *« Toute dîme de la terre... appartient à l›Éternel ; c›est une chose consacrée à l›Éternel » Lévitique 27:30.* En mettant de côté ces premiers dix pour cent, nous honorons le principe de priorité : *« Honore l'Éternel avec tes biens, et avec les prémices de tout ton revenu » Proverbes 3:9-10.* C'est alors que nos greniers se remplissent d'abondance, non par l'effort seul, mais par la faveur qui accompagne l'obéissance.

Le moteur de la vision et de la solidarité

Dieu a institué la dîme pour que Sa maison ne manque de rien et que Son œuvre se répande. Elle soutient ceux qui se consacrent au service divin (Nombres 18:21) et assure que l'église demeure un phare fonctionnel dans la cité (Néhémie 10:37-38). Mais la dîme possède aussi une dimension sociale profonde : elle est destinée à soutenir l'étranger, l'orphelin et la veuve (Deutéronome 14:28-29).

Prospérer sans perdre son âme, c'est comprendre que notre surplus est la solution à la détresse d'un autre.

L'invitation au défi divin

Malachie 3:10 retentit comme la seule promesse où Dieu nous invite à Le mettre à l'épreuve. En apportant la dîme, nous ouvrons les « écluses des cieux ». C'est ici que la foi rencontre la finance : nous cessons de compter sur nos propres calculs pour entrer dans l'arithmétique de la grâce.

L'esprit au-delà de la lettre

Pour le bâtisseur conscient, Jésus apporte la nuance capitale dans Matthieu 23:23 : la dîme ne doit jamais être pratiquée au détriment de « la justice, la miséricorde et la fidélité ». Elle ne nous dispense pas d'avoir un cœur pur. Comme l'explique l'épître aux Hébreux (7:1-9). Le principe de la dîme transcende les époques pour nous rattacher au sacerdoce éternel.

En pratiquant la dîme, tu n'appauvris pas ton compte bancaire ; tu enrichis ta connexion à la Source. Tu ne donnes pas pour recevoir, tu donnes parce que tu as déjà reçu la plus grande des richesses : la présence de Dieu dans tes projets.

6.3.4. La providence en marche : quand les synchronicités confirment l'alignement

Lorsque tu commences à appliquer les principes de ce livre, tu remarqueras un phénomène merveilleux. Des événements que le monde appelle « coïncidence » ou « chance » commenceront à se multiplier dans ton quotidien.

En psychologie, on parle de synchronicité : l'occurrence simultanée de deux événements qui n'ont pas de lien de causalité direct, mais dont l'association a un sens profond pour celui qui les vit. Pour le bâtisseur conscient, nous appelons cela **la providence**.

Le signe que tu es sur la « fréquence » de Dieu

La synchronicité est le langage par lequel le Créateur te répond. C'est ce coup de fil qui arrive au moment exact où tu formulais un besoin, ou cette rencontre « fortuite » dans un aéroport qui débloque un projet sur lequel tu butais depuis des mois.

Ces signes ne sont pas des accidents. Ils sont la preuve de la coopération et de la grâce divine. Comme le dit Proverbes 16:9 : *« Le cœur de l›homme médite sa voie, mais c›est l›Éternel qui affermit ses pas. »*

La synchronicité, c'est l'Éternel qui affermit tes pas de manière visible.

L'alignement comme aimant à opportunités

Pourquoi ces signes apparaissent-ils maintenant ? Parce qu'en suivant ces trois piliers, tu as créé les conditions de la réception :

- **Par l'intention :** Tu alignes ton cœur et ta vie à la perspective d'abondance de Dieu. Tu as déclaré à la Source de l'abondance que tu es désormais Son canal pour bénir les autres et glorifier Son nom. La providence ne force jamais une porte fermée par l'égoïsme, mais elle ouvre grand celles que la clarté et l'altruisme ont déverrouillées. En reconnaissant Dieu comme ta seule Source (et non ton travail ou tes clients), tu as lâché prise sur l'anxiété. Ce lâcher-prise crée l'espace nécessaire, le vide sacré dans lequel la Providence peut enfin s'engouffrer pour agir.
- **Par l'attention :** Tu as discipliné ton regard intérieur. Tu as cessé de nourrir la peur, l'urgence et la dispersion pour entretenir volontairement la foi. Par la prière, la visualisation et la répétition, tu as ancré en toi une image intérieure stable de ta vision accomplie. Ce que tu regardes régulièrement finit toujours par façonner ce que tu attends — puis ce que tu permets. L'attention transforme la foi en conviction. Elle rend ton esprit sensible, disponible et aligné. Tu discernes plus clairement les opportunités, tu reconnais les bonnes rencontres et tu perçois les bons timings. Ton œil est réglé

pour reconnaître la providence. Là où l'attention est dispersée, la grâce passe inaperçue. Là où l'attention est focalisée, la providence devient lisible.

- **Par l'action :** Tu as commencé à marcher. La Providence accompagne le mouvement, elle ne devance pas l'immobilisme. Par le bien que tu fais autour de toi et par la pratique de la dîme, tu actives la loi de circulation divine. Il existe un lien qui échappe à la simple raison humaine, à la seule intelligence et à la logique de l'homme ; mais parfaitement réel entre la générosité et l'apparition des synchronicités. En pratiquant la dîme, tu déclares que l'argent n'est pas ton maître, mais un serviteur. Ce geste libère une énergie de flux constant : en étant fidèle dans la gestion du peu, tu ouvres le canal pour que des ressources inattendues — souvent bien supérieures à ta dîme — te parviennent par des chemins que ta logique n'aurait jamais pu tracer. Dieu devient ton partenaire d'affaires, et Sa capacité à ouvrir des portes dépasse infiniment tes calculs humains.

Apprendre à lire et à cultiver les « clins d'œil » divins

Une fois ton regard intérieur réglé par l'attention, la providence ne se contente plus d'agir : elle commence à dialoguer avec toi. Les synchronicités deviennent alors un langage. Des clins d'œil discrets mais précis par lesquels Dieu confirme ton alignement et t'encourage à poursuivre.

Cependant, ces signes ne portent du fruit que si tu apprends à les reconnaître, à les honorer et à y répondre. La providence ne s'impose jamais ; elle se révèle à ceux qui développent une attention active.

- **Reconnaître les signes** – Commence par observer et noter ces moments où « tout s'est parfaitement enchaîné » : une rencontre au bon moment, une information reçue au moment exact, une solution apparue sans effort apparent. En les reconnaissant consciemment, tu affines ton discernement spirituel. Ce que tu reconnais gagne en clarté ; ce que tu ignores s'estompe. Plus tu deviens attentif à ces signes, plus ils se multiplient.

- **La gratitude comme amplificateur spirituel** – Chaque fois que tu dis intérieurement ou à voix haute : « Merci Seigneur pour cette coïncidence », tu ne fais pas que remercier. Tu renforces l'alliance. La gratitude est une clé puissante. Elle ouvre le canal et élargit le flux. Ce que tu remercies se prolonge. Ce que tu honores se multiplie. La gratitude transforme un événement isolé en dynamique durable.
- **L'audace de l'instant** – Enfin, la providence appelle une réponse. Lorsqu'une synchronicité se présente — une idée soudaine, une invitation imprévue, une personne croisée « par hasard » — n'attends pas trop longtemps. La grâce ouvre la porte, mais c'est à toi de la franchir. L'action immédiate scelle la coopération. La foi reconnaît le signe ; le courage l'incarne. La providence accompagne toujours le mouvement. Elle confirme le pas déjà engagé, jamais l'immobilisme.

Les synchronicités sont les baisers de Dieu sur tes efforts alignés. Elles ne remplacent ni la discipline ni l'action, mais elles les confirment. Elles te rappellent que tu n'avances plus seul, ni à contre-courant. Tu ne luttes plus pour réussir : tu réussis parce que tu es entré en harmonie avec le fleuve de la vie — et ce fleuve sait exactement où il va.

6.3.5. La Puissance de la gratitude : ton accélérateur d'abondance

Si l'intention est la graine et l'action l'arrosage, la gratitude est le soleil qui fait mûrir ta récolte. Pour toi, bâtisseur conscient, la gratitude n'est pas une simple formule de politesse ; c'est une force d'attraction spirituelle. Elle est le signal que tu envoies à la Source pour dire : « Je reconnais Ta main, et je suis prêt pour la suite. »

La gratitude sécurise ta paix intérieure

Le monde court après la réussite dans la peur constante du manque, ce qui engendre une crispation de l'âme. La gratitude, elle, repose sur la certitude de la provision divine. Saint Paul nous donne la clé dans Philippiens 4:6 : *« Ne t›inquiète de rien ; mais en toute chose fais connaître tes besoins à Dieu par des prières et des supplications, avec des actions de grâces. »*

Remarque bien l'ordre : l'action de grâces accompagne ta demande. En remerciant Dieu avant même de voir le résultat, tu affirmes ta foi. Cette posture de cœur chasse l'anxiété qui, autrement, finirait par étouffer tes projets et ta joie.

Le secret de la multiplication

Il existe un principe fondamental que tu dois saisir : ce que tu remercies se multiplie. Nous le voyons dans l'épisode de la multiplication des pains (Jean 6:11). Jésus ne s'est pas plaint de n'avoir que cinq pains et deux poissons pour une foule immense. Il a pris le peu qu'il avait, il a *rendu grâces*, et cet acte de gratitude a ouvert la porte au miracle.

Dans tes affaires ou tes finances, remercier Dieu pour le « peu » — ce premier petit contrat, cette modeste épargne, cette idée naissante — est le déclencheur de ton abondance future. Si tu ne sais pas être reconnaissant pour les petites victoires, tu ne sauras pas gérer les grandes sans perdre ton âme.

Elle transforme ton attention en aimant à faveur

Le psalmiste déclare : *« Entre dans ses portes avec des actions de grâces, dans ses parvis avec des louanges ! » Psaume 100:4.* La gratitude est la clé qui t'ouvre les portes des opportunités divines.

Un cœur reconnaissant est un cœur ouvert, alors qu'un cœur qui se plaint est un cœur qui se ferme sur lui-même. La plainte t'isole et te rend aveugle aux synchronicités. La gratitude, au contraire, affine ton attention. Elle te permet de voir la grâce là où les autres ne voient que du hasard. Elle crée autour de toi une atmosphère de paix qui attire naturellement les bons partenaires et les faveurs inattendues.

Ton bouclier contre l'orgueil

Enfin, la gratitude est l'ancre qui empêche ton âme de dériver vers l'arrogance du «self-made man». En disant merci, tu te rappelles que *« toute grâce excellente et tout don parfait descendent d›en haut, du Père des lumières » Jacques 1:17.* Elle te garde dans l'humilité, te rappelant que si tu es le canal, Il reste et demeure la Source. C'est ainsi que tu peux posséder l'argent sans que l'argent ne te possède.

La circulation : gratitude et abondance

Principe fondamental : Ce qui circule s'amplifie, ce qui se fige s'assèche.

1. La gratitude ouvre le flux

La gratitude n'est pas une émotion passive, c'est un acte de reconnaissance spirituelle.
Quand tu remercies sincèrement :

- tu reconnais la Source (Dieu, la Vie) comme origine de ce que tu reçois ;
- tu affirmes que *ce qui est déjà là est suffisant pour agir* ;
- tu passes d'un état de manque à un état de réception.

Spirituellement, la gratitude dit : *« Je vois, je reconnais, je fais confiance. »*

2. L'abondance répond à la reconnaissance

L'abondance n'est pas seulement matérielle. Elle inclut :

- les opportunités,
- les rencontres,
- les idées,
- le bon timing (synchronicités / providence).

Lorsque la gratitude est constante, l'abondance circule plus librement, car elle n'est plus bloquée par :

- la plainte,
- la comparaison,
- la peur de manquer.

3. Le piège : recevoir sans gratitude

Recevoir sans gratitude crée une rupture de circulation :

- l'abondance devient lourde,
- elle génère attachement, peur ou arrogance,
- elle finit par stagner ou se retirer.

Ce n'est pas une punition : c'est une *loi de cohérence spirituelle.*

4. Le cercle vertueux

Tu reçois → Tu remercies → Tu agis avec ce que tu as → Le flux s'intensifie → Tu reçois davantage → Ta gratitude grandit.

C'est ainsi que naît la providence visible.

5. Clé pratique d'intégration

Chaque jour, pose-toi cette question simple : « *Qu'est-ce que j'ai reçu aujourd'hui que je n'ai pas mérité par mes seuls efforts ?* » Puis remercie. Même brièvement. Même intérieurement.

La gratitude est la monnaie spirituelle qui maintient l'abondance en circulation.
Ce que tu remercies reste.
Ce que tu honores grandit.

CONCLUSION

L'ENVOI

Tu es arrivé au terme de ce livre, mais en vérité, tu te tiens au seuil de ta véritable expansion.
Ce que tu refermes ici n'est pas un enseignement de plus, mais un passage.
Ce que tu as parcouru n'était pas destiné à être compris seulement, mais à être incarné.

Tu sais désormais que l'abondance n'est pas une lutte, mais un alignement. Elle n'est pas une conquête extérieure arrachée au monde, mais une circulation intérieure que l'on autorise. Elle n'est pas une fin à atteindre, mais la conséquence naturelle d'un être unifié — aligné dans son intention, lucide dans sa vision, fidèle dans sa foi et cohérent dans son action.

Si tu as fait les exercices, si tu as pris le temps de regarder en toi avec honnêteté, quelque chose a déjà changé. Peut-être pas encore dans tes chiffres, mais dans ton regard. Et ce déplacement intérieur est toujours le premier miracle.

Tu as appris que la prospérité qui apaise commence à la source : dans ce que tu veux vraiment,
dans pourquoi tu le veux, et dans la manière dont tu choisis d'y marcher.

Tu détiens maintenant les quatre clés de ton alliance :

Vouloir - Ton **intention** est désormais purifiée. Tu ne désires plus pour combler un manque ou prouver ta valeur, mais pour manifester une mission. Ton vouloir n'est plus une tension intérieure, mais une direction claire. La source est assainie.

Planifier - Ta **stratégie** a donné un corps à tes aspirations. En structurant ta vision, en posant des objectifs concrets et ordonnés, tu as préparé le canal par lequel la grâce peut circuler sans confusion. Tu ne contrôles plus par peur ; tu planifies par sagesse.

Croire - Ta **foi** a changé de nature. Elle n'est plus un espoir fragile suspendu aux circonstances, mais une discipline de l'attention. Tu as appris à nourrir ce que tu veux voir grandir, à fixer ton regard sur la promesse plutôt que sur l'obstacle, à habiter intérieurement la victoire avant qu'elle ne devienne visible. Ta foi est devenue stable, active, enracinée.

Incarner - Ton **action** est désormais ton sceau. Par chaque pas posé avec fidélité, même modeste, tu déclares au Ciel que tu es prêt. Tu n'agis plus seul, ni contre la vie, ni dans l'agitation. Tu coopères avec la Providence. Et là où l'action s'aligne, le ciel répond.

À partir de maintenant, ton rôle est clair :

Marche avec cette certitude,

Planifie avec sagesse,

Agis avec courage,

Mais surtout, crois avec audace.

Rends grâce pour chaque étape, car la gratitude est le souffle qui élargit le flux. Ce que tu remercies se fortifie. Ce que tu reconnais se multiplie. La gratitude te maintient dans la posture juste : celle du bâtisseur conscient, ni arrogant, ni inquiet, mais confiant.

Observe aussi ce qui va se produire sur ton chemin. À mesure que ton alignement se stabilise, tu remarqueras des ouvertures, des rencontres, des idées soudaines, des timings justes. Le monde appellera cela des coïncidences. Toi, tu sauras y lire la Providence. Non comme une magie, mais comme une collaboration vivante entre ta fidélité et la sagesse divine.

Souviens-toi : **tu n'es pas appelé à forcer le réel, mais à l'épouser avec justesse**. Quand l'intention est droite, quand la vision est claire, quand la foi est entretenue et que l'action est fidèle, le fleuve s'élargit de lui-même.

Regarde maintenant ce fleuve.

Il ne naît pas de la peur, mais de l'alignement.

Il ne s'impose pas, il circule.

Et il passe par toi.

Tu n'es plus un simple spectateur de ta vie.

Tu es devenu un bâtisseur conscient, un créateur inspiré, un canal d'abondance fidèle.

Va maintenant.

Vis ce que tu as compris.

Incarne ce que tu crois.

Et laisse ta prospérité témoigner — non de ton ego, mais de l'ordre juste qui s'établit quand l'âme, l'action et la foi marchent ensemble.

Le livre se referme.

L'œuvre commence.

NOTE SUR L'AUTEUR

Kevin Adou est consultant, stratège et formateur.

Il accompagne leaders, entrepreneurs et organisations dans la construction d'une réussite alignée, unissant foi, stratégie et impact durable. À la croisée du développement personnel, de la sagesse biblique et de l'action concrète, il œuvre pour une prospérité qui élève sans compromettre l'intégrité ni la paix intérieure.

www.ingramcontent.com/pod-product-compliance
Lightning Source LLC
LaVergne TN
LVHW010947110826
845149LV00015B/3239

* 9 7 9 8 9 9 4 9 2 1 6 1 6 *